心を動かすデザインの秘密

認知心理学から見る新しいデザイン学

荷方邦夫 著
Kunio Nikata

実務教育出版

はじめに

今朝、目が覚めたときに一番に目に入ってきたものは何ですか？　朝食は何を食べましたか？　一番心に残ったニュースは、テレビと新聞のどちらでしたか？　どんな交通機関を使いましたか？

その中で、人の作ったものではないものが、どれだけありましたか？

私たちは、人間の手によって作り出されたモノや情報に囲まれて暮らしています。そしてこれらから、さまざまな意味を受け取り、いろいろな思いや感情をわき立たせます。この世界を一言で言い表すなら「人によってデザインされた世界」です。そしてデザインされた世界は、人間の心の中で認識され、理解されます。デザインは、人間の心の中の働きを通して、初めて意味あるものになるのです。

本書は、認知科学・認知心理学の観点から考える新たなデザイン研究の切り口、「認知デザイン学」の本です。デザインと人間の関わりについて、わかりやすく説明し、デザインの新しい理論のあり方について考えます。そしてそこから、デザインの新たな可能性を開いてみたいと思います。

心を動かすデザインの秘密　目次

第3章　感じることはわかること

装丁●重原隆
本文デザイン・DTP●新田由起子・川野有佐（ムーブ）

序章

心ときめく
日常生活の心理学

さあ、これからデザインの話をしましょう。デザインの経験は不問、モノづくりの経験も不問です。お気に入りのモノ、大切なモノ、捨てられないモノ。この話は、そんな心に残るモノを持っている人が、その魅力がどこから来ているのかを知るための話です。まずは、デザインとは何か、そこから考えてみましょう。

01

毎日使うモノと人間の心

クルマは「輸送手段」なのか

およそ日本に生活する中で、自動車を見ずに一日が過ぎてしまうという人がどれだけいるのでしょう。もちろん通学の足は自転車、という人もいるでしょう。都会生活のため、電車と徒歩が中心だったりして、自動車に乗らないという人は結構いるかもしれません。しかし自分では乗らないにせよ、横を走る自動車にぶつからないように自転車をこいで通学し、電車の窓からラッシュアワーの渋滞を目にしながら通勤することまで含めれば、自動車を見ないということはとても難しいことのように思えます。自動車は間違いなく日本人にとって重要な交通手段であり、輸送・運搬のための手段です。そして必要な人員や荷物を確実に目的地まで運ぶのがクルマに与えられた使命のはずです。

しかし多くの日本人がクルマを購入するとき、そういう自動車の持つ性能や機能のようなものはどれほど考慮されるものでしょう。どちらも重要な条件ですが、むしろ機能や性

図 0-01　最近の自動車の広告の例

フォルクスワーゲンの広告。クルマの機能というより、イメージ広告としての意味合いがとても強い。これは私の手元にあるカタログの写真である。

能は車を購入する条件のほんの一部に見えることがあります。

【図0－01】は有名なドイツ車のメーカーであるフォルクスワーゲンの最近の広告ですが、謳《うた》い文句のほとんどは、自動車の機能や特徴ではなく、この車の持つイメージやニュアンスで埋め尽くされています。これだけを見ると、このクルマを手に入れるユーザは、自動車としてこれを選んだのか、あるいはファッションアイテムの一つとして買おうとしているのか、あるいはもっと別の理由があるのか、それを知ることは本当に難しく思われます。ここまで来るともう自動車は、輸送の手段という最初の定義や目的を超えた「別のモノ」なのかもしれません。

筆者も、最近新しくクルマを購入しました。実はこの広告と同じフォルクスワーゲンのものです。「何だ、ずいぶん贅沢なやつだ」と思われるかもしれません。そのお気持ち、よくわかります。私だって正直にいえば、決して安い買い物ではないと思っているのですから。確かに性能や価格の面からいえば、国産でもっと良いものもあったかもしれません。でもこれが良かった。これが欲しかった。地方都市でしがない大学教員をする筆者がこれにしようと思ったのは、私にとって美しいと思えるデザインだったこと。そしてこれを運転して過ごす毎日のさまざまなシーンを想像すると、何とも魅力的に感じられたからです。ひょっとするとクルマそのもの以上に、クルマのデザイン、そしてパンフレットや広告、ウェブなど媒体のデザインに私はすっかりしてやられてしまったのかもしれませんね。

デザイン。その製品が持つ本来の用途や目的と、直接関係するとは限らない得体の知れない特徴。現代人はデザインに魅了され、翻弄もされます。世の中には数多くのデザイナーがいるし、デザイナーでなくともあらゆる人がデザインについてはあれこれ自分の意見を主張するものです。

私たちはデザインの洪水の中に流される落ち葉のようですらあります。一体デザインというものは何なのか。芸術なのか、文化なのか、それとも別の何かなのか。どこからアプローチすると、私たちはデザインというものを深く知ることができるのか。この本が今から挑むのは、この得体の知れない世界を少しでも深く知る。そんな作業なのです。

人工物・デザイン・人間の心

クルマ、電化製品、文房具、住まい、都市空間、メディアコンテンツなど。私たち人間の周りにはヒトの手で作られたさまざまな製品や環境があります。これら人の手による加工を経て存在するものはすべて「人工物（artifact：アーティファクト）」と呼ばれます。したがって人工物は、上に挙げたような「モノ」だけでなく、言語や物語、しきたりや法律などに至るまで多岐にわたっています。人工物の反対は自然物で、山や川、星や動物、あるいは自然現象の摂理など、人の手によらない「神によって創造されたもの」です。

しかし、一見自然によって生み出されたこれらさえ、人の手がまったくかかっていないものを探すのはとても難しいのです。たとえば、金魚はもともと鮒《ふな》を祖先とする魚です。それが人間によって交配され、ついにはあの美しさを持つようになりました。坂東太郎と

図 0-02 人の手が加えられた自然物

どこにでもある海辺の風景。海岸自体は自然の産物なのだが、強い波を防ぐための工事（中央付近）がされたりして、もはや本来の自然の風景とは違っている。

呼ばれ、茨城・千葉を通り銚子に流れ出す関東の最大河川である利根川もそうです。これも江戸時代までは東京湾に流れる川でしたが、人間の手によって数十キロも流れが変えられると同時に、周辺の生活まで大きく変えてしまいました。そんな利根川を「自然のかたち」と考えてよいか難しいものです。それほど人間は世界を自らの手で変えてしまいます。その意味でも、われわれを取り巻く世界は人工物で埋め尽くされていますす【図0-02】。

「人工」なのですから、人工物にはそれを生み出した人間の手がかかっているだけでなく、彼らの思いや感性が込められています。作り手はそこにある材料に、さまざまな手段を用いながら加工を重ね、その形や色、役割などを変えていきます。

この加工という作業は、作り手が「これでいいだろう、十分だ、満足だ」というレベルに達するまで続けられます。「これでいいだろう、十分だ、満足だ」というレベルに達した人工物には、当然ながら作り手の思いや感性といったものがたっぷりと反映されているのでしょう。

人間が人工物と呼ばれるものを作り出すこと。それは作り手と呼ばれる人間の心の発露であり、モノに自分の心を込めることです。この心の内側からモノに至るまでの一連のプロセスをデザインと呼びます。私たち人間が生きる世界は、人の手のかかったさまざまな人工物に囲まれているという以上、「デザインされた世界」の中にあるのです。

こう考えると、人とモノをつなぐデザインの間には、「こころ」の働きが当然ながらあちこちに顔を出してきます。作り手の心抜きにはデザインは生まれませんし、デザインの受け手であるユーザ、顧客といった人々にとっても、自らの心の働きになんらかの変化がなければ、魅力を感じることもそれを欲することもなくなってしまうのです。

デザインの内側を解明すること、それは人間の心を解明することでもあるのです。

02

魅力・感性と認知心理学

認知心理学者、登場！

心の問題の解明とあらば、ここは心理学のヒトに出てきてもらった方がよいのではないか？　そんなわけでホイホイと釣られて出てきたのが筆者、（一応は）心理学を研究する専門家です。面白いことに、筆者に限らずデザインに関わるさまざまな研究には、心理学関係の研究者がしばしば登場します。彼らは、認知心理学者とか認知科学者[01]という研究領域の人です。

ここでは「認知」という言葉がキーワードです。認知とは「わかること（cognition）」という意味で、人間の目や耳から入った感覚情報を人間の内側、特に脳を中心とした働きの中で扱うことの総称です。認知に関わる研究者は、どんな情報が脳の中でどう認識され、どう理解されていくのかについて絶えず考えています。目の前にあるデザインされた世界についても、人間がどう見て考えているかを知れば、デザインという世界のさまざまなプ

[01] 認知科学とは、人間の心理や脳の働きを解明する研究領域の一つ。心理学だけでなく、言語学や哲学、情報工学などさまざまな領域を出身とする研究者が集まる。

ロセスがもっともっとわかるのではないか。そんなことばかり考えているのです。

魅力と感性

デザインされた「モノ」に関する認知心理学。その中で、重要なキーワードになるものが2つあります。一つは魅力と呼ばれる対象の持つ性質について。もう一つが感性と呼ばれる人間の特性についてです。

魅力は、われわれが目にしている対象が持つ「興味や注意を引き付ける対象の性質」のことをさします。

たとえばここに、女性を描いた人物画があるとしましょう。私たちは絵に描かれた女性の髪の長さ、唇の厚さ、透き通るような皮膚の質感に思わず注意を引き寄せられます。あるいは背景に描かれている空の青さ、繊細なタッチで描かれた植物などを、とても魅力的に感じてしまうかもしれません。それら描かれた一つ一つがすべて、色や形の情報として人間の中に取り込まれることによって生じるのです。つまり魅力というのは、そこにある対象が発する情報の中で、われわれの心にポジティブ[02]な影響を与えるもののことをさしているのです。

[02] 厳密にいえば、魅力はわれわれにポジティブな影響を与えるとは限らない。恐ろしい、気持ちが悪いと思うようなものについても、それに引き寄せられたりするため、ネガティブな魅力というものも当然考えられる。

これに対して、感性というのは情報の受け手である私たち人間の中にある、感情を伴う感じ方や考え方の性質・特徴のことです。感情を伴う認知活動と言い換えてもよいです。対象の発する情報が私たちに届き、その情報に対して敏感に心が動くとき、私たちはそれを感性が豊かだといいます。

感性はそれがその人の中で豊かか否かだけではなく、人によって面白いほど違っているという多彩な個人差もあります。服でも食器でも、ピンクが大好きでピンクのものに素早く反応する人もいるでしょうし、これとは違って黒やグレーなどの無彩色ばかり身に着けていたり持っていたりする人もいます。

どちらもそれぞれの感性の結果ですが、そのタイプは個人によってまったく違うことがわかります。つまり同じ情報が提供されたとしても、人によって個人の内側での情報の処理が違うため、まったく異なる結果を生み出すのです。何に魅力を感じるかは、個人の感性がその人の中でどのように作り上げられているかによって左右されます。

もちろん個人差がはっきりと表れるような対象もあれば、夕焼けのように、およそほとんどの人類に共通して好まれるような対象もあります。それらの解明は、認知心理学が最も得意としていることなのです。

本書の内容と構成

本書は、あまりにも広大な人工物と人間の関係を、認知心理学・認知科学の立場から解き明かそうとする試みです。狭義のデザインにとどまらず、商品開発、マーケティング、教育などさまざまな分野での「デザイン」を射程において展開していきたいと考えています【図0－03】。

人は誰しもさまざまなモノに魅力を感じます。大きなものから小さなもの、高いものから安いものまで。本書はそういう具体例を多数紹介し、ここでは人間が魅力や感動といったものにどれほど突き動かされる動物かについて楽しみながら、この不思議で魅力的な世界を考えてみたいのです。

心理学といえば、多くの人はカウンセリングや精神分析といった、心の悩みや問題を解決するための学問のイメージが強いかもしれません。もちろんそういう領域もあるのですが、心理学は人間の心の働き全般を取り扱う「心の科学」としての性格が現代ではより強くなってきました。そして面白いことに、人間の心の問題は心理学の中だけで完結するものではは到底ないので、さまざまな学問で応用されています。経済の中で人間の心の動きを

図 0-03 本書の概要図

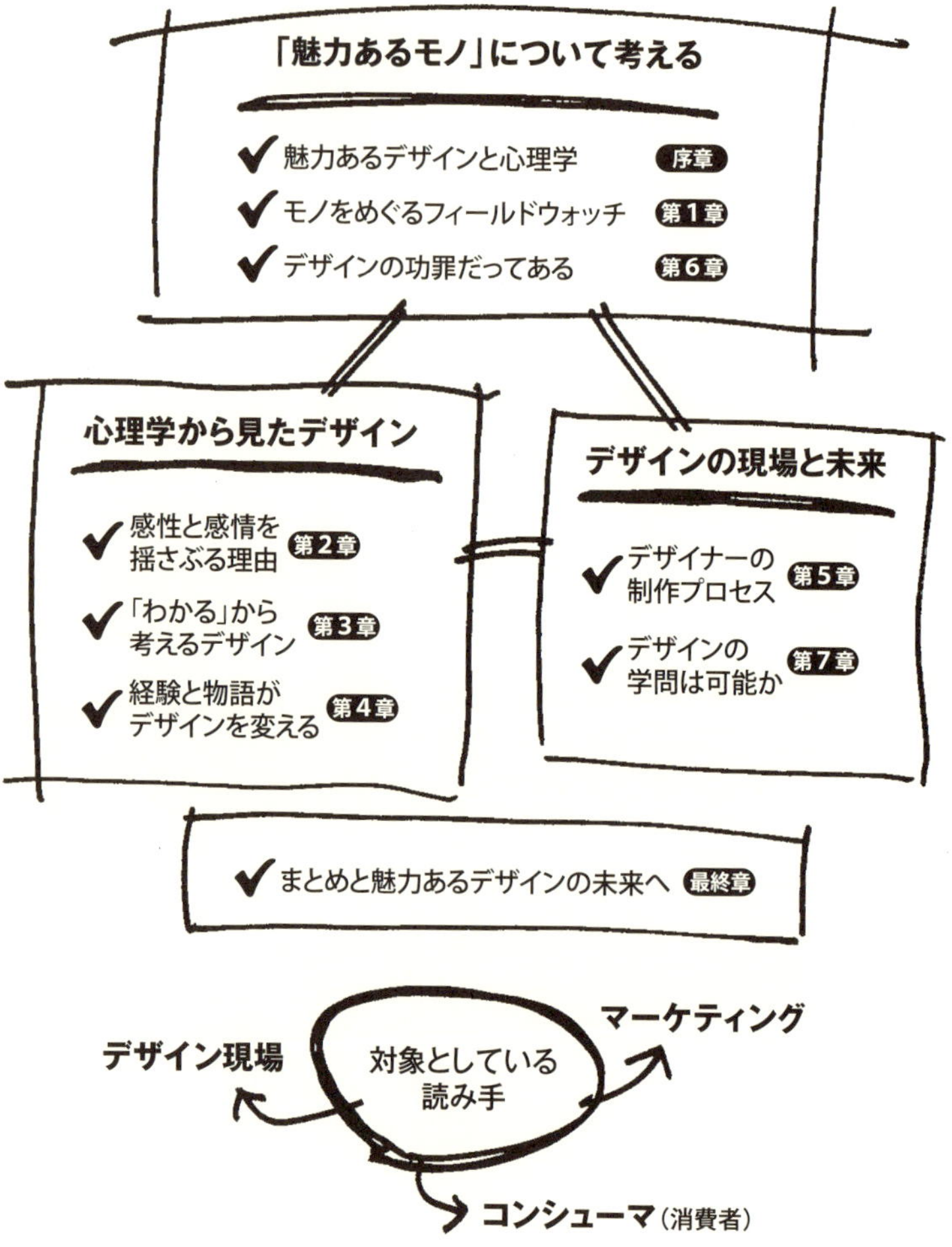
「魅力あるモノ」について考える
魅力あるデザインと心理学 序章
モノをめぐるフィールドウォッチ 第1章
デザインの功罪だってある 第6章
心理学から見たデザイン
感性と感情を揺さぶる理由 第2章
「わかる」から考えるデザイン 第3章
経験と物語がデザインを変える 第4章
デザインの現場と未来
デザイナーの制作プロセス 第5章
デザインの学問は可能か 第7章
まとめと魅力あるデザインの未来へ 最終章
デザイン現場
対象としている読み手
マーケティング
コンシューマ（消費者）

組み込んで考えようとする行動経済学。コンピュータに人間と同じような振る舞いをしてもらおうとする人工知能研究・生態情報処理といった情報工学。現代の科学は驚くほど複雑に絡み合っているのです。

さらにこれらをベースにして、マーケティングや商品開発の世界でもこれらの研究結果や理論があちこちに取り入れられています。魅力や感性の解明をすること、それを取り囲むデザインや科学技術。これらの途方もなく広い世界が、「心が関わる問題」という点で一つにまとまる。そういう大きな夢のある話が広がっていく可能性を本書では繰り広げていければ、と思います。

03

デザインを真面目に学問しよう

人は「見た目」が一番なのか

人間は毎日絶え間なく、新たな人工物を求め、手に入れ、愛用する生き物のようです。これらの魅力、愛着は、デザインの作り手が仕組んださまざまな工夫と仕掛けによって引き出されます。いまや私たちは「デザインされた世界」の中に生きていると言ったのもそのためです。

別の言い方で考えましょう。デザインとは、デザインされた人工物がわれわれに発信している「情報」であるともいえます。人間は絶えず情報を処理し続ける「情報処理システム」です。認知心理学は、人間の内側での情報処理の解明を得意としていると言いました。だから私たち心理学者は、デザインと人間の関係は、心理学の数々の知見によってその姿をつかまえることが可能になるとひそかににらんでいます。

しかし、多くの人にとってデザインと聞いて真っ先に思いつくのは、何か美しいもの、カッコイイものといった「見た目の良さ」の方かもしれません。また、機能的であったり、便利なものであったりするとき、それを「機能美」といった言葉で表現したりもします。デザインには「美観」といったものが絶えずつきまといますし、美しい見た目であることは、私たちにも作り手にも絶えず意識されます。

実際、日本・世界にかかわらず、優秀なデザインと呼ばれるものはこの「美しさ」と切り離すことができません。だからデザインと聞いて私たちがイメージするのは、美大でデザインを勉強した人がデザイナーとしてこの世にふわりと舞い降り、自分のセンスとウデで芸術品ともいえる素敵なものを描き出す、それを元にエンジニアは日本が誇る先端技術を駆使して実際に設計をして製品を作り出し、商品として私たちの目の前に広げてみせる、といった感じなのではないでしょうか。

美の追求は学問だ！

確かに、見た目はモノの魅力にとって重要な手がかりのようです。また美というものは人間の最もシンプルかつ根源的な感覚のようにも思えます。とはいえ、美を追求することは思いのほか複雑なことです。それを端的に示すのが、大学の哲学科には哲学や論理学、宗教学などとともに「美学」という専門領域があることです。美学は古代ギリシャのプラトン以来長い歴史があり、われわれが認識することができる世界の美しさ・善さの感覚というものを、一つ一つ丹念に分析する学問です。欧米人にとっては、美もまた論理的に思考し、解明する対象なのですね。

美学は、美とされるものに一つ一つ意味を与えることであるともいわれます。別の言い方をすれば、私たちが日々出会い、向かい合うすべてのものや世界には、なんらかの意味が無数にくっついている。私たちはその意味を知らないうちに受け取り、理解しているという作業を自動的にやっている。だからモノと人との関係は、意味によって結ばれているのです。

デザインを美学的な「意味」の点から考える試みはあります。マルゴリンとブキャナン（Margolin & Buchanan, 1996）はその著書"The Idea of Design"で、製品とわれわれの関係を「意味によるやりとり」であると考え、さまざまな側面から考察を試みていますし、チクセントミハイとロックバーグ＝ハルトン（Csikszentmihalyi & Rochberg-Halton, 1981）、最近ではクリッペンドルフ（Krippendorff, 2006）やベルガンティ（Verganti, 2009）らも同じように、意味をなかだちとしたデザインの理解を主張しています。

「意味」が人工物の美や魅力に関わっているということは、デザインには人間が意識している以上の複雑な世界があり、それこそ見た目よりもずっと深いことを意味します。辞書や事典の分厚さからも容易に想像できるように、あらゆる物事に付帯する意味はそれこそ膨大だからです。美しい見た目の裏には、洪水のようにあふれる意味の世界がある。そう考えると、見た目は思った以上に大事なのかもしれません。

もう一度、「デザイン」とは何かおさらいしよう

この本で最も中心となる言葉は「デザイン」です。これまでも既に何度も文中に現れ、最後まで繰り返し現れる不思議な言葉です。誰にでも意味が通じる言葉ですが、この本で私たちが「デザイン」という語を使うに際して、あらかじめその意味を改めて確認しておこうかと思います。実際のところ、デザインという言葉が示す内容とその範囲は、多くの人が想像している以上に広く多様ですし、受け取る個人によっても少しずつ変わるもののようです。

手元にある『広辞苑（第六版）』によれば、デザインとは次のように定義されています。

①下絵。素描。図案。②意匠計画。製品の材質・機能および美的造形性などの諸要素と、

技術・生産・消費面からの各種の要求を検討・調整する総合的造形計画。「建築―」「衣服を―する」

また、英和辞典として信頼の高い『リーダーズ英和辞典（第3版）』では以下のとおりに示されています。

design：1 a デザイン、意匠：図案、下絵、素描：設計図：模様、ひな形（pattern）b 芸術作品 2 a 設計、構想、腹案、着想、筋書：計画、企図：目的、意図［pl］下心、野心、たくらみ

日本語にせよ英語にせよ、いずれの場合にも共通しているのは、デザインが「意匠」と呼ばれることです。この意匠という言葉はデザインの最も主要な日本語訳です。だからこれにはちょっとチェックを入れておきましょう。もう一つ、デザインという語は「計画」という意味を含んでいることがわかります。

よく生きるための「工夫」＝デザイン

これらの点から、デザインがどのような意味を持つのか改めて言い換えてみましょう。

デザインとは、人間が生きていく中で、目の前にある世界をなんらかの目的を持って手を加え変化させること。あるいは、自分を取り巻く世界を変化させる工夫のこと。

目の前にあるものは木や石のような物体のこともあるでしょうし、空間や関係といったより抽象的な世界になることもあります。デザインをするということは、どのようなものであれ初めに「こんな風にならないかな」というきっかけがあります。そのきっかけと同時に人間の意思やひらめきといったものがあって、それを実現するために実際に手を加えて変化を生み出すことなのです。手を加えることによって、目の前の世界の形が変わったり、重さが変わったり、意味そのものが変わったりする。この変化は同時に、より使いやすくなったり美しくなったりという変化にもなります。「こんな風にならないかな」と発想してなんらかの手段でそれを実現すること。それがデザインという語に含まれる「計画」という言葉の意味なのです。

私たちのような研究者が「研究のデザイン」というときは、研究上の課題を解明するために実施した、実験や調査の方法（あるいは方法の工夫）のことで、見た目の形などはまず関係のない意味を指しています。ＣＭあたりで出てきそうな「明日をデザインする」というフレーズも、おそらく未来のためにさまざまな工夫を駆使して世界を変化させていくこと、くらいの意味で、目に見えるような形がそこにあるとは限らないのだと思います。

ノーベル経済学賞を受賞し、経済学はおろか心理学にも多大な影響を与え、マルチな活躍をした行動経済学者ハーバート・サイモン（Herbert A. Simon）はデザインについて、「誰もが現状をより良いものに変えることを目指して、創意工夫すること」であるとしました。また意匠という言葉も、「意を伝える・作るため匠をこらす」くらいの意味で、自らの手によって工夫をするという意味でもあります。デザインという言葉の最も中心となる意味は「工夫・計画」なのです。

第1章

魅力あるもののフィールドウォッチング

デザインを考えるとき、まずは具体的なモノをイメージしながら話を進めていきましょう。ドアを開けて街へ飛び出し、さまざまな人工物の世界を観察するフィールドワーク。本章では、そんなフィールドワークを本の中で体験できるよう、日常生活における人工物と人間の関わりを切り取ってみました。

01

人はどんなものに惹かれるのか

「おじいさんの記憶」

♪いまは、もう、動かない～。といえば誰でも知っている「大きな古時計」の歌詞ですね。百歳の天寿を全うしこの世から去った「おじいさん」が生まれた朝から亡くなるまで、一家の重要なアイテムとして役割を果たした時計。おじいさんが亡くなった上にもう動かなくなってしまったにもかかわらず、捨てられることもなく家に置かれていることから考えても、ただの時計とは別格の扱いです。ということは、この時計が一家にとって、何かとても大きな意味を持っているのだろうなと、私たちは想像します。

私たちの周囲を見渡すと、そんな「何か大事な意味を持つモノ」があちこちに転がっています。ここでは、私たちを取り巻くさまざまな人工物と、そこにいる人間との関係をウォッチングしながら、どんな所にどんなものがあって、人間とどういう関わりや役割を持っているのか、短篇のエッセイ集のように眺めてみようかと思います。第2章以降、モノ

図 1-01　熊本パルコ前のグラニット・ボール

と人間の関わりを考える上で良いヒントになったり、関わりを理解するための良い素材になったりするかもしれません。

ケース1・「パル玉」の魔力

筆者の故郷は熊本です。人口70万人ほどのこの街に、25年ほど前から親しまれている一つのモニュメントがあります。それがあるのは2つの大きなアーケードの入口。デパートが集中するメインストリート通町筋。このど真ん中のスクランブル交差点脇にある球形の石のオブジェ。商業施設パルコの前にあることから通称「パル玉」と呼ばれています【図１－01】。

このパル玉、正式な名前はグラニット・

ボールといい、1トン以上の重さの花崗岩《かこう》の球体が、水圧と水の表面張力によって浮かび上がっているものです。玉と台座の間からわずかな水が噴き出していて、玉はゆらゆらと台座の上で回り、片手で容易に動かしたり回したりすることができます。

見た目にも自分の手では決して動かせないような大きな石。それがいとも簡単に動かせる。またその球形の玉は水に洗われて、いつも潤いのある美しい表面。信号待ちでこのオブジェの前に立ち止まる人は、かなりの確率でこの玉に手をかけ、クルッと動かしてみる。特に動きが緩んで止まりかけていると勢い良く回す人がしばしば現れます。なぜかそうしてみたい欲求をかきたてられるのです。

そしてここはこの街一番の「待ち合わせ場所」。友達や家族を待つ間、多くの人の手によって回し続けられる風景を眺めながら、これから始まるイベントやデート、飲み会、買い物など、心浮き立つ思いにしばしの時間を過ごすことになるのです。

熊本に住む、あるいは住んだことがある人にとって、このモニュメントはよく知られた存在で、時として話題に上る存在です。そしてそれはなんらかの記憶を呼び起こす存在です。熊本に生まれて過ごし、今は故郷を離れている。そんな人にとっては、郷愁を誘う手がかりの一つでもあります。世の中にモニュメントは数え切れないほどあるのでしょうが、思い出に残るものそうでないもの、いろいろとあるのでしょう。それを知る人々に親しまれるモニュメントには、何か特別な理由があるような感じがするのです。

親しまれる理由。それは一体何なのでしょう？　多くの人の目につく所にあること。美しさを持つことや興味を引く仕掛けを持つこと。それとともに過ごした記憶を呼び起こすことができること。そしてそれと関わった経験を持つこと。そのどれかなのかもしれませんし、それらすべてなのかもしれません。実際に親しみを持っている人たちにとっては、親しみを持つ理由自体うまく言い表せないものかもしれません。

好意とか愛着といった心の働きは、そんな目に見えない、意識にすら上らないものであることが多い。われわれの内側に潜む「理由」は、一体どこにあるのでしょうか。

ケース2・街中に不思議な看板

筆者が住む金沢市には、ぱっと見ただけでは何のことだかさっぱりわからない看板があちこちに掲げられています【図1－02】。これらは不動産店の広告看板で、「マメな不動産屋」というセールスコンセプトで活動している会社です。看板はそれが掲げられている物件のセールスポイントを示すものや、店舗へ行くための案内表示、あるいは部屋の住み替えを

図 1-02 金沢の不動産店の広告看板

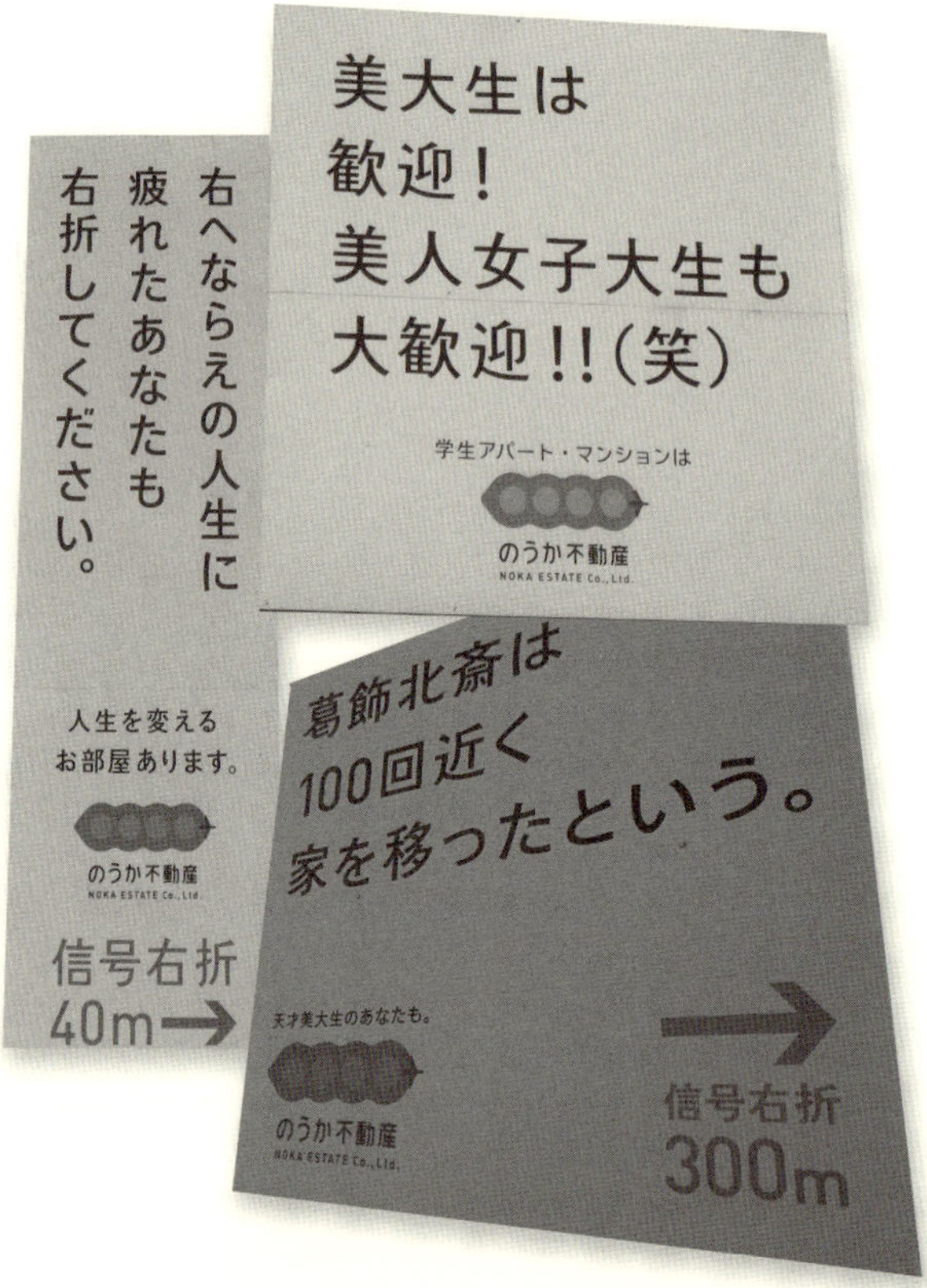

右へならえの人生に
疲れたあなたも
右折してください。
人生を変える
お部屋あります。
のうか不動産
NOKA ESTATE Co.,Ltd.
信号右折
40m
美大生は
歓迎！
美人女子大生も
大歓迎!!（笑）
学生アパート・マンションは
のうか不動産
NOKA ESTATE Co.,Ltd.
葛飾北斎は
100回近く
家を移ったという。
天才美大生のあなたも。
のうか不動産
NOKA ESTATE Co.,Ltd.
信号右折
300m

「コンテナ暮らしはおすすめしておりません（コンテナ倉庫の看板）」「側転で45分、車で3分」。どれも思わず噴き出してしまうようなコピーで、不動産店の印象を強くしたり、店舗への道順を示したりする。

したくなるようなキャッチコピーなどさまざまで、それが営業エリアに数え切れないほど設置されています。エリア自体は4キロメートル四方くらいなのですが、バイパス沿いの大きな建物に掲げられたものから、小さなアパートの脇にかけられているものまで、実際近隣に住んでいても、看板のすべてを把握することができないくらいなのです。

このエリアはいくつかの大学が近くにある文教地区で、学生向けの賃貸アパートがたくさんあります。このため不動産店の数も多く、全国ネットの賃貸システムを利用している大規模な会社から、店舗の窓に物件情報が貼り出してある古めかしい不動産店までさまざまです。この不動産会社はそんな競争の中で、このコンセプトの採用以来エリア内でひときわ目立ち、また知名度も大きく向上しました。筆者の勤める大学の学生の多くも、このエリアに住んでいるのですが、この看板の登場した頃、あちこちで話題になっていました。すっかりおなじみになった今でも、新しい看板ができると「またあそこにこんなことが書いてある」と話題になりますし、看板に書かれているセリフ自体が会話の端々で聞かれたりすることがあります。一つ一つは物件の広告というわけでもないですし、ただ単に話題に上るだけだったりもするのですが、確かに一軒の不動産屋としては、これほど頻繁に話題になること自体驚くべきことでしょう。

記憶に残るインパクトがあること。記憶に残るだけの頻度・程度で私たちの目につくこと。これは簡単なようで意外に難しいことのようです。実際、世の中には大量の広告が生まれ、莫大な広告費が毎年使われています。多くのクリエイター、デザイナー、ライターといった人々が全力を投じてコマーシャルを作り上げ、テレビや雑誌、ウェブをはじめ、駅前で配られるティッシュに至るまで決して手抜きのないコンテンツがあふれています。しかしそれらの広告は、生まれては消えていき、あるとき一時の話題になっても、そのまま忘れ去られてしまうものがほとんどです。私たちの記憶に残るものと残らないもの。それを分けるものは一体何なのでしょう。ここにも、何かしら私たちの心の働きが関わっているようですね。

ケース3・「使えない」のに欲しいモノの魔力

愛用のモノが美しく、使いやすく、非の打ち所がないものとは限らないようです。時としてそれは、とんでもない代物だったりすることも。【図1－03】の万年筆は筆者愛用のもの。ウォーターマンのロレアという既に廃番になったものです。デコール・ブルーという青と黒のマーブル柄が宝石のように魅力的なのですが、どこかに弱いところがあるのかインク

図1-03 筆者のお気に入りの万年筆

ウォーターマン・ロレア。色はデコール・ブルーという深い青と黒のマーブル柄である。私の場合、なくしたり、壊れたりしたときも悲しい気分にならないように何本か揃えてある。それでも生きている間にすべてが使えなくならないかといつも不安だったりする。

漏れが多く、しかもペン先も大事に使わないと少しのことで不調になり修理ばかり。決して使い勝手の良いものではなく、おまけに決して安くもない（しかも筆者のタチからあちこちでなくしてしまう）。どうやらこれは「使う人を選ぶ万年筆」で、私のようながさつな者には決してオススメできないものなのかもしれません。

しかしこの一本の魅力にとりつかれたらもうおしまい。壊れようが[01]紛失しようが何としても手元に置いておきたい。結局壊れればその都度修理に出し、紛失に備えネットオークションでデッドストックとして残っているものを何本も買い集め、いまや手元には数本のデコール・

[01] 幸いなことにウォーターマン社は半永久的（メカ部分）に修理には応じてくれるので、万年筆自体をなくさない限り使い続けることができる。これはユーザにとって素晴らしいサービスだとつくづく思う。

ブルーの万年筆。それだけではなく、もともと流通量の少ない「極細のペン先」をストックするため、極細のペン先であれば黒や赤の他のデザインのロレアを手に入れ、ペン先だけ交換できるようにしているという徹底ぶり。いや、無駄遣いの極致なのです。

「何のために」と言われると、いつでも手元に置いておきたいから、以外にない。使いもしないのにもったいないじゃないと言われれば、それもそのとおりです。でも、魅力というものは必ずしも経済的な効率に従うものではありません。もう、好きと決めたらとことんまで。本当にいいかどうかさえ、もはやどうでもいいものなのかもしれません。

実際、魅力を感じるものの中には、取り扱いが厄介だったり、いろいろな面倒があったりするものも少なくないものです。クラシックカーや年代物のカメラなどはその典型かと思います。技術の進んだ現代では、もっと扱いやすく、もっと高性能で、しかも安いものがたくさんあります。しかしこれらを愛好するユーザたちは、昔ながらの方法で機械を動かし、丁寧に手入れをして愛用します。彼らにとっては新しく部品を取り換えることも容易なことではありません。既にメーカーでは部品の在庫期限が終わっていることがほとんどなのです。そのためあちこちを回って、既に使われなくなった同じ機械から部品を取り出したり、特別に部品の製作を発注したりもします。手間もかかればお金もかかる。「そんなことばかりに時間もお金も使って…」と妻や家族から冷ややかな視線を浴び続ける。それでも彼らは飽くことなく古いものに心血を注ぐことになるのです。彼らは口々に言います、昔から愛着があって他のものには代えられないんだ。こんな可愛い友だちが他にあるか？などなど。費用や手間、利便性といった要素は彼らの心の中ではほとんど重要ではないので、マーケティング研究などに出てきそうな経済性とか実用性といった側面は考慮されません。彼らに重要なのは、どれだけ愛着のあるものに心をかけてきたか、長く付き合ってきたか、どんな思い出があるかなのです。

面白いことに、こういう世界に魅力を感じるのは、実際に長い時間愛用してきたユーザだけとは限りません。それらにふれたこともない若い人が、クラシックカーや旧版カメラの愛好者たちがどっぷり浸かっている「世界」に魅力を感じ、新たに飛び込むこともあります。「新参の」彼らはまた、昔からのユーザが感じている世界のストーリーに何かしら共感を感じ、あるいは新たなストーリーを見いだすことによってハマっていくようです。人工物の魅力とは、作り手が想定したものとはまったく違うところにも次々と生まれるものなのかもしれません。

02

魅力あるものに、人はどう関わるのか

「収集」の願望

先ほどのように、昔ながらの道具を愛用する人の中にも少なくはありませんが、とにかくたくさんのものを手元に置いておこうという人たちがいます。俗にいうコレクター・収集マニアと呼ばれる人たちです。この人たちもまた、モノの魅力にとりつかれた人の典型的なタイプのように思われます。

収集といっても実際の姿には少しずつ違いがあります。万年筆やギターのように特定の商品を買い集める人もいます。あるいは特定の会社・ブランドのものであれば何でも買ってしまうという人もいて、こちらについては収集というより「ファン心理」に近いものがあるかもしれません。

それとは別に、これまで売り出されたシリーズを、最初に世に出たものから最終のものまで1つも抜けることなく揃えて置いておきたいというタイプの収集家もいます。この

「抜けることなく完全な状態にしておきたい」といった欲求になると、もはやその対象となっているモノが好きか嫌いか、良いものか否かといった基準ではなく「コンプリート[02]願望」のような動機のほうがうんと強いのかもしれません。

コレクターの代表的なものは、やはり美術や骨董のような芸術作品のコレクターでしょう。いわゆる骨董趣味のような身近なコレクションから、貴族やお金持ちなどが東西の名品を集めるような美術館も顔負けのものまでさまざまです。特定の作家や時代に魅力を感じて集める人もいますし、ガラス製品やピアスといった特定のカテゴリーだけを集める人もいます。面白いのは、まだまだ有名ではない若手の作品を求めて、あちこちの個展や展覧会を回り、自分の気に入った作家が現れれば一人のファンとして肩入れをする人がいます。彼らにとってそういう若手が次第に成長し、有名になっていくのを喜ぶといったプロセス自体を好んで収集に熱を上げているのです。こういうタイプの場合は、そこにある作品に対する魅力以上に、知り合って相手を理解し、その上で支援者・理解者として関わりを持っていくことに魅力を感じているようにも見えます。

収集という行為の目指すものは、自分に一番合ったものを探すとか、より良いものを自分の手元に置くといった志向とはまったく違うところにあるように思います。むしろ、誰

[02] コンプリート（complete）：１つの抜け・欠けもなく完全な状態で、の意味。

よりもたくさん持つことによる喜びや、対象となるモノを完全に理解したいという思い。あるいは、その対象に自分がいかに関わっているかといった、自己に対する確認作業のようなもの。そういうところに魅力があるのかもしれません。モノに対する行為でありながら、その反面自分の方を向いた側面も感じさせられる行為。その関係は、私たちが考えているよりはるかに複雑なように思われます。

「デコる」女の子たち

中学生や高校生の女の子の携帯電話や筆箱、あるいはカバンといった持ち物を見ると、それはそれは賑やかにいろんなものが付けてあったり貼ってあったりします【図1-04】。彼女たちは、「カワイイ・キレイ・オモシロイ」といったもの、あるいはお気に入りのアイドルやスポーツ選手に関係するものなど、自分が気に入ったものを次々に自分の世界の中に取り込もうとするようです。

中学生や高校生でなくとも、自分の持ち物をお気に入りのものにしようとする行為はあちこちで見ることができます。たとえば自動車。若い女性の車を見ると、室内がたくさんのぬいぐるみで占領されていたり、あちこちにキティちゃんの絵柄の入ったアイテムがあ

図 1-04　デコレーションされた携帯電話

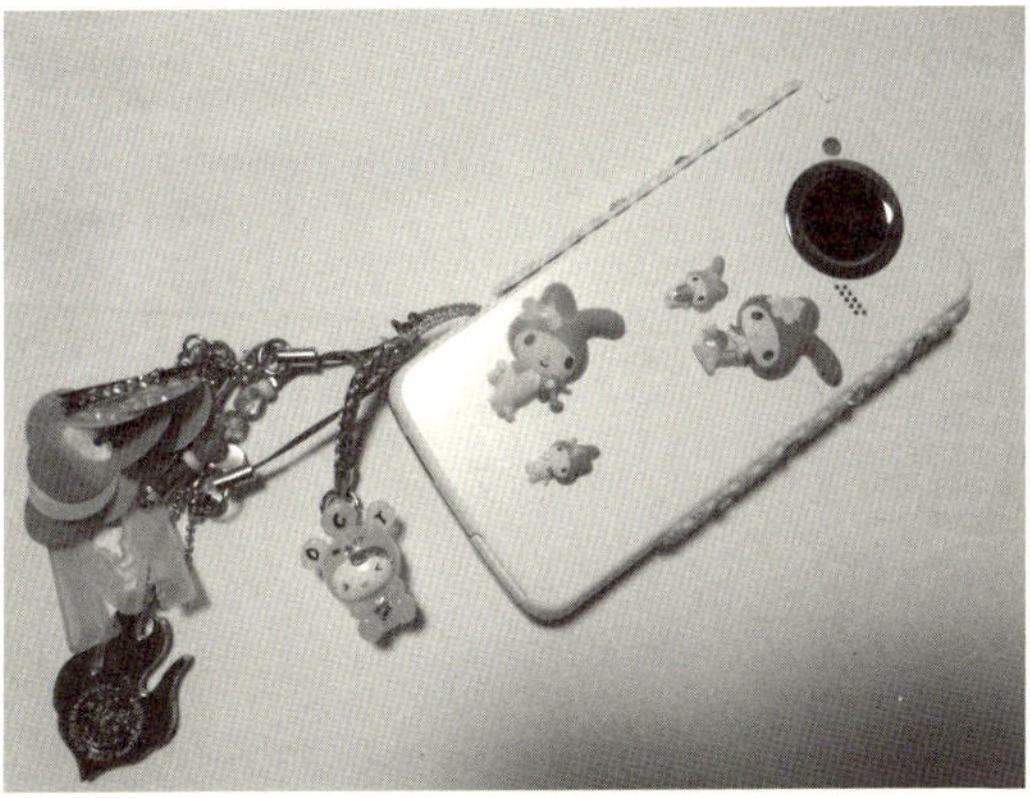

ストラップやシールなどで自分なりのアレンジが加えられている。

った り。やはり「カワイイ・キレイ」なものでデコレーションされています。もちろんこれは女性に限った話ではなく、男性にもあちこちで見られます。携帯電話の待受画面が美しい南の島の画像になっていたり、オフィスの机の上に家族の写真があったり。買ったときのまま、提供されたときのままで何かが使われているということの方がむしろ少ないのではないかと思います。

自分にとって気に入るように、あるいは使いやすいように改変していくことをカスタマイズといいます。先ほどの中学生や高校生のような場合は、カスタマイズという言葉を使わずに「デコる（デコレーションする）」という言い方で表現することもありますが、これもカスタマイズの中に含まれます。そう、先に説明しましたね。「目の前にある世界をなんらかの目的を持って手を加え変化させる」こと。それがデザインなのだということを。カスタマイズは私たちにとって最も身近な「デザイン行為」なのです。私たちは日々、それはおびただしいほどのデザインをしていることになります。

「人は誰もがデザイナー」。私たちは自分たちの存在を、そういう風に表現してもいいのだと思います。

なぜカスタマイズしようとするのか

カスタマイズをする人間の心にも、それぞれの違った思いがあります。一番に思いつくのは、自分の持ち物や環境をより便利なものにしたい、という動機からの「工夫」です。自分にとって最も良い状態に世界を整えたい。このような活動を「最適化」ということがあります。デザインは最適化の手段でもあります。

中学生や高校生がデコるのは、自分の持ち物を「自分らしく」するための活動のように見えます。実際、携帯電話やカバンにマスコットやストラップがいくつもぶら下がっている状態は、少なくとももより便利になったという状態ではなさそうです。彼女たちは、「カワイイでしょ、私ってこういうのが好きなの」ということを周りにアピールし、また自分でも確認するために飾っていきます。

ちょうど青年期のまっただ中にいる彼女たちにとって、これは結構重要な意味を持っています。青年期はそれまでの子どもの時期から進んで、自分らしさを意識し、あらゆる方法で確認するようになります。心理学ではとてもよく知られた「アイデンティティの確立」と呼ばれる現象です。彼女たちは自分がどのようなものに興味を持ち、どんなものを好きか。そういうことを一つ一つ積み重ねて自分のアイデンティティを作り上げていきます。またそれに伴って、他者が自分をどう見ているかということにもどんどん敏感になっていきます。他者に対して自分の存在を知らせていきたいという強い欲求によって、身の回りの持ち物に「自分らしさのあかし」を可能な限りたくさんぶら下げていくことになります。カスタマイズは、自分らしさのデザインでもあるわけです。

私たちは基本的に、自分を愛することを絶えず続けていく動物です。自分らしくカスタマイズされた人工物は、当然自分らしさの象徴となります。私たちはそういうものを愛し、魅力として感じるのです。魅力というのはそこにあるものが私たちに提供するもののようにも理解できますが、考えようによってはそこにあるものに対して「自分の思い」を映し、そこに自分の思いを感じることから始まっているともいえるのかもしれません。

第2章
感性と感情の認知科学

「アレが好き、コレは嫌い」。私たちは身の回りのさまざまなものに魅力を感じたり、感情を揺さぶられたりします。人工物との付き合いは、感情を伴う付き合いです。そのとき、心の中で何が起こっているのか。ここでは、人間の心の中の仕組みである認知プロセスにふれながら、デザインと魅力認知や感情との関係を明らかにしていきたいと思います。

01

人間の内側では何が起こっているか

お気に入りのセーターを見つけ出す

日増しに寒くなり、紅葉がその色を深めようかという季節、「そろそろ新しいセーターを買おうかな」と思う時期でもあります。衣類といってもスーツから靴下までさまざまですが、その中でもセーターという衣類は、多くの人にとってなじみがある衣類の一つでしょう。そしてセーターほど多種多彩な衣類も少ないのではないでしょうか。

スーツは職業によって着る・着ないに個人差があります。これに対して少なくとも冬という季節を体験する日本人にとって、セーターやニットは一人で数着は持つアイテムです。靴下の種類もさまざまですが、値段の点に関しては、何万円もする靴下というのは稀で、たいていリーズナブルなものが多い。これに比べセーターは、誰もが着るものであり、価格も千円ちょっとから数万円のものまでさまざまです。素材もアクリルなどの合成繊維からカシミアのような高級素材までいろいろ。色や柄に至っては、その他の衣類に比べ圧倒的なバリエーションがあります。

さて、セーターを購入するとき、私たちは何を基準として「気に入った1枚」を探し出しているのでしょうか。私が知る限り、どんなものでもいいから一番安いもの、と血眼になってセーターを探している人もそうそう多くはないようです。それぞれの個人にとって妥当な価格で、かつ自分の好きな色や柄くらいは考慮して探しているようですね。さらに人によってはその素材がどういうものなのか、羊毛100％なのか、ラムやカシミア、アンゴラといった高級素材が使われているか、着てみて暖かいか、洗濯やクリーニングに大きな負担がかからないかなど、機能に注意を払う人もいるでしょう。また、それがラルフローレンのような高級ブランドであるとか、雑誌で人気のモデルが着ていた「この冬イチオシのアイテム」であるとか、そういう情報に敏感な人も少なくはない。選択の基準はさまざまです。

そういったことに無頓着な人もいるでしょう。何はなくとも、色や雰囲気で無性に欲しくなったから、サイズもおかまいなしに買ってきた、という人もいるでしょう。また、妻が買ってきたセーターを唯々諾々と着る「幸せな」夫がいるとしたら、それもまた無頓着な人の典型にはなるでしょう。しかし、多くの人にとって1枚のセーターを選ぶことは、それなりに複雑な課題なのだと思います。

「決定」の複雑さと人間の心

お気に入りの1枚を見つけ出すとき、われわれの内側では何が起こっているのでしょうか？　たくさんの候補の中から一つだけを選び出すような心の働きのことを「意思決定」といいます。セーターを選択するという意思決定場面において、人間はサイズや価格、色や形、風合いなどのデザイン、自分の持っている他のセーターとの兼ね合いといったたくさんの条件（属性）を同時に検討し、その結果自分にとって最適な答えを出そうとしています。この決定は数学の方程式を解くことと同じで、それぞれの条件をxとおき、結果をyとおいて、yが最も高い値になるようにしようとすると、ちょうどベストの選択肢が求められるようになっているのです。「人間なんてそんな数学みたいには…」とお思いになる人もいらっしゃるかとは思いますが、この理論は古くから研究されていて、実際の人間の行動も、数学上の結果と違いがないこともわかっています【発展解説1】。

そうはいっても、私たちは日常の生活をしている中で、そんな複雑なことをしているようにはなかなか感じられません。それこそ「感覚で、ビビッときたもの」を選んでいるように感じることでしょう。この「感覚でわかる」といった、感性や感情といった要素は、おそらく人間の判断の中でとても大きく、重要な割合を占めています。

実際、そんな複雑なことが短い間にできるものかと不思議に思うかもしれません。私たち人間が何かに対するとき、それは瞬間のことにもかかわらず、内部では膨大な量の情報処理が行われていることがわかっています。魅力や愛着を感じるのは、他でもない人間の「脳」です。特に感情や感性といったものは、人間の本能・感覚、そして知的活動のさまざまな要素が深く関係しています。どんな要素が魅力を感じることに影響し、どのような関わりを持っているのか、ここでは感性と感情がどのようなものを背景にデザインされているのか、人間の情報処理や認知メカニズムの観点から考えてみましょう。

優れた「コンピュータ」の人間

その前に、私たちはこれからの話を理解するため、話の主人公となる人間の情報処理、そして情報処理システムを取り巻くいくつかのことをおさらいしておきたいと思います。序章でもふれたように、認知心理学・認知科学では、人間をコンピュータのような情報処理システムであると仮定します。

なぜそんな面倒くさい仮定をするかというと、心理学でも、その他のどのような研究領域でも、「人間の心をのぞく」ことができないからなのです。胸のときめきを知りたくて胸の中をのぞいても、わかることは心臓の拍動の変化ですし、脳をのぞいても、神経が作動したり停止したりという変化しか知ることができません。どちらも人間の心の変化に伴って起こっていることなのですが、それが何を意味しているか「直接」知ることはできないのです。「心」の存在を解き明かす学問なのに、心の存在そのものがどこでどうなっているかわからない。下手をすれば存在しているかどうかさえ確認できない。心理学は他の学問と違って、その始まりからいきなり厄介な足かせを背負っているのです。

そこで心理学は、心そのものを直接見るのではなく、心が関係する「目に見えるもの」だけを相手にすることにしました。目に見えるものは2つ、1つは心の働きの結果生じる人間の行動や意識と呼ばれる「反応」。もう1つは行動や意識のきっかけになると考えられている、目や耳から入ってくるさまざまな「刺激」です。ある刺激が私たちの前に示されたとき、決まった反応をすることがわかるなら、人間の心の働きは実際に見えなくとも、どんなことが起こっているか推測することは容易です。この刺激-反応の関係を突き止め、積み上げることによって人間の心の働きを解明することで、心理学は大きく進歩しました。

認知科学の誕生

1950年代の中頃から、心理学の研究スタイルにちょっとした変化が起きました。そのきっかけとなったのはコンピュータの出現、計算機科学の登場です。それまで心理学は、刺激と反応の関係を丹念に追うことで、人間の心の働きに「踏み込むことなく」解明しようとしてきたのですが、計算機科学の登場によって「心の中」にある程度踏み込むことになりました。なぜならコンピュータと人間は、非常に共通した仕組みを持つシステムであることがわかってきたからです。

コンピュータは外部から入力された情報が、内部で情報処理というプロセスを経て出力されます。これと同様に、人間も外界の刺激を内側に取り込み、心の中でなんらかのプロセスを経て、再び行動という形で外界に表出します。コンピュータの中での入力と出力が、人間における刺激と反応の関係に対応するなら、心の中身はコンピュータの中で働いている「プログラム」という情報処理に対応しています。コンピュータがそうなら、人間もきっと似たような働きをしている。この前提を採用することによって、人間の内部での働きを情報処理システム、あるいは「心のプログラム」として扱うようになったのです。

この転換は大成功を収めます。知覚・記憶・言語など人間の認知活動が、コンピュータ上でも人間が振る舞うかのように再現されるようになりました。人間の脳、そして脳で働く認知活動は常にコンピュータにたとえられ、人間は「優れた情報処理系」として理解されるようになりました。ヒトが認識する世界はすべて、われわれを取り巻く情報と、それを処理する情報処理系によって説明することができる。認知科学や認知心理学にとって、世界は情報で作られており、人間の心を理解することは情報と情報処理を理解することとなったのです。

そこで次は、人間がコンピュータのように人間の内部で行っている情報の処理について考えてみたいと思います。

02
人間の情報処理

情報を取り込む仕組み――知覚

優れた情報処理系、コンピュータとしての人間は一体どんな仕組みになっているのでしょう。これを知るために、まずコンピュータの基本的な仕組みと設計を説明しておきたいと思います【図2-01】。

コンピュータは大きく3つの動作に分けて考えることができます。その3つは、入力・情報処理・出力です。入力はキーボード、マウス、そして外部カメラなどさまざまな装置によって情報をコンピュータの中に取り込むことです。これらの情報をコンピュータ内部の処理装置（CPU）が処理を行い、結果はまた人間にわかる形で映像や音声によってフィードバックされます。

これを人間の脳と身体に対応づけると、次のようになります。入力は感覚と呼ばれる認知過程、処理は人間の知覚や記憶と呼ばれる部分。そして、出力は言語や行動などのよう

図 2-01 人間の情報処理系とコンピュータ

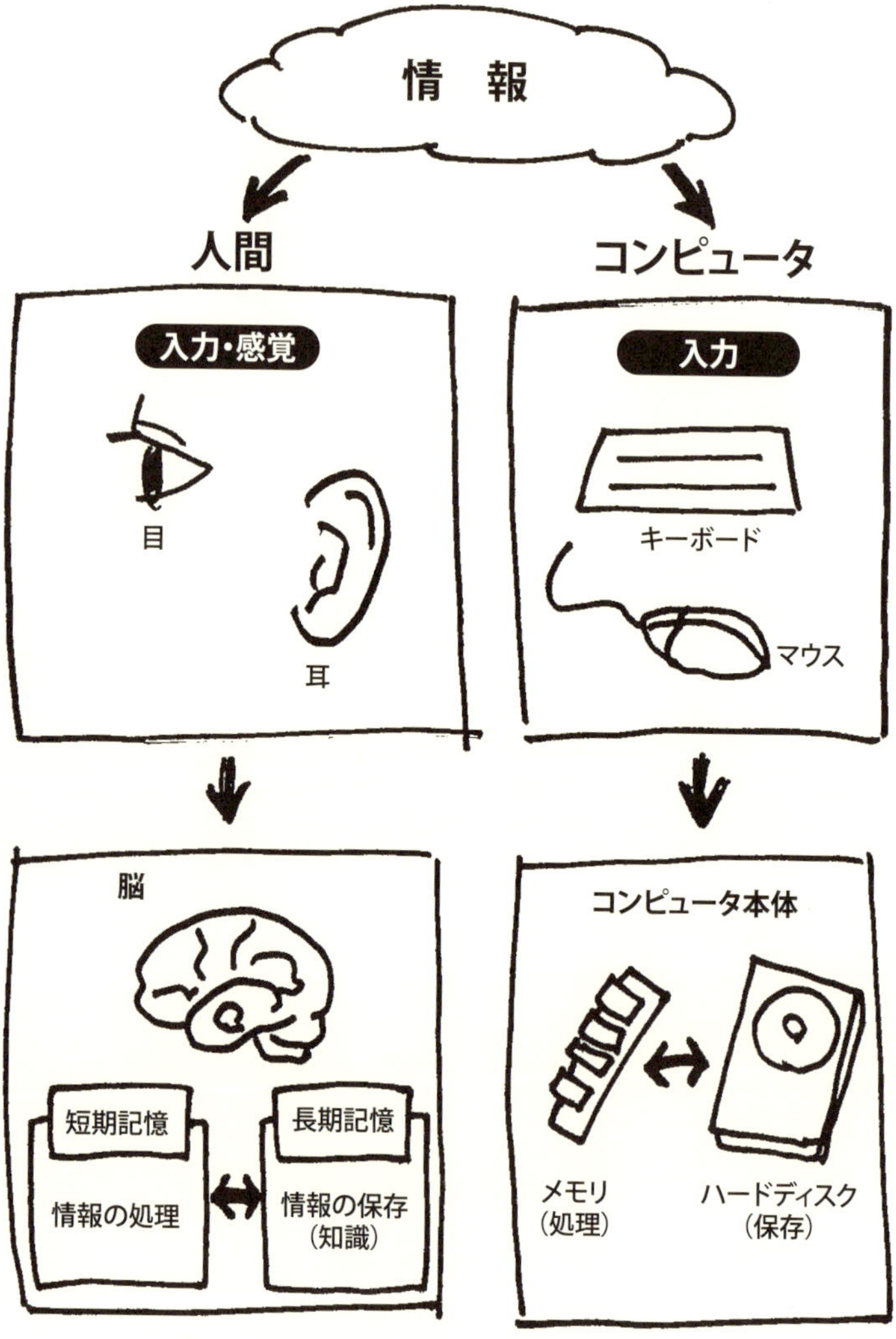

に、目に見えるものとして表れるのです。

入力は、目や耳のような感覚器を通した情報のインプットです。これらの情報は、神経を伝って脳に届きます。脳ではまず、これらの入力を情報として理解するところから始まります。この働きを知覚といいます。私たちの脳は、目や耳から入ってきた膨大な情報から、「これは重要な情報だ」と思ったものを選択します。この働きを注意といいます。注意の働きはちょうどテレビのチャンネルのようなものです。テレビは毎日、地上波やBSなどたくさんの放送局が番組を一日中放送しています。その情報量は膨大ですが、私たちはその中から見たいものだけを選んでチャンネルを切り替え、必要な情報だけを得るのです。注意も同様に特定の情報だけを選択します。

【図2－02】は人間の顔を見たときの視線の動きを示しています。これを見ると、人間が他人の顔を認識しているときには、目と口だけに注意が集中しているのがわかります。人間は他人の顔を、目と口、そして輪郭であらかたの理解をしています。反対に目と口の情報がないと、私たちは誰の顔なのか認識ができません。そういえば、ほんの十数年前まで、写真やテレビの肖像を匿名にしたいときには目と口の部分を黒く消すだけでしたが、これはその原理を利用したものだったのです。【図2－03】も注意の働きを示したものです。ちょ

図 2-02 人間の顔の認識

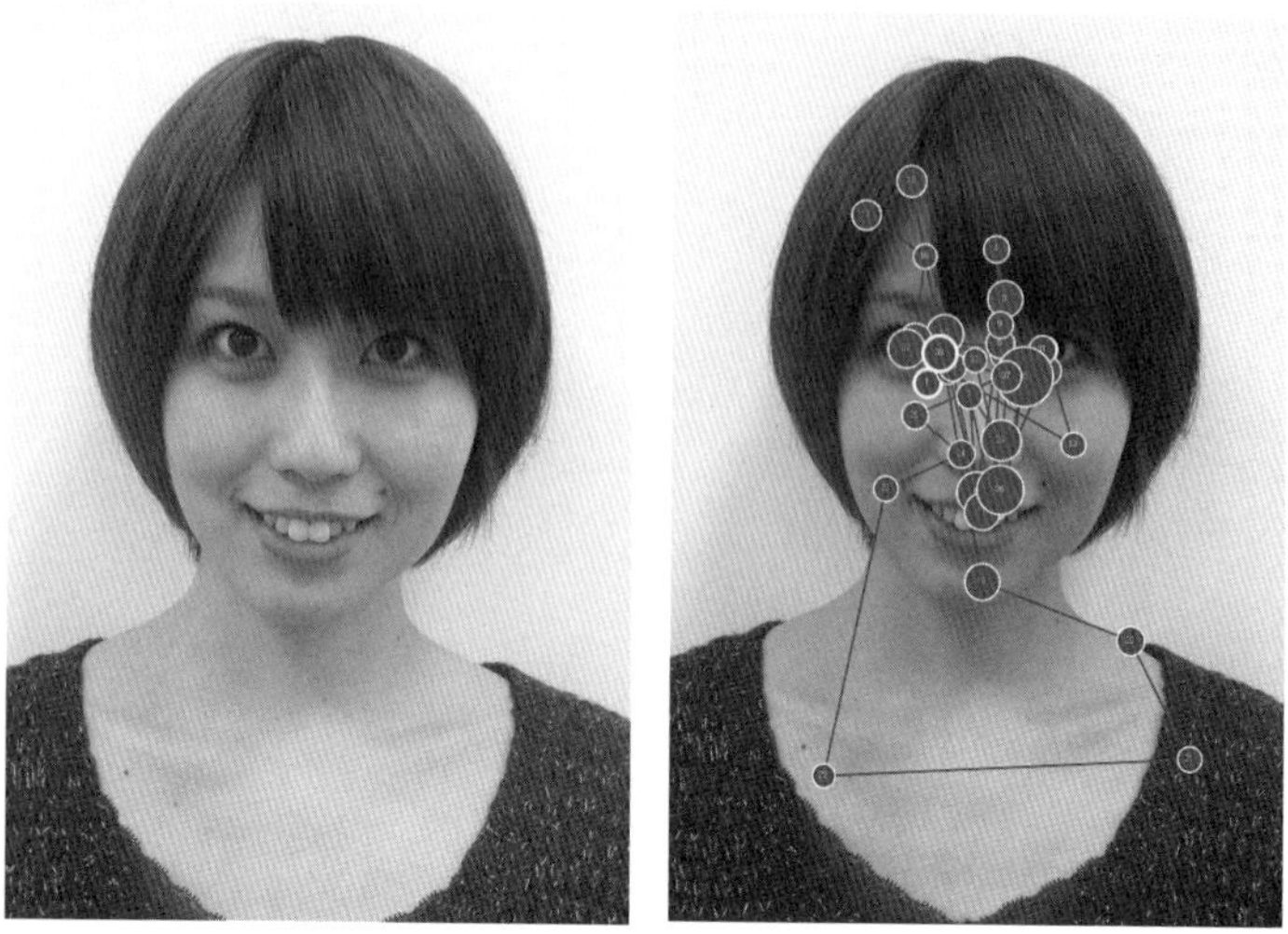

図 2-03 図と地の反転

っと見るだけだと複雑な図形がいくつか見えるだけで何のことだかよくわかりません。しかし黒い図形の部分が実は「背景」で、白い部分が形だと思ってみましょう。「THE」という単語が見えてきますね。注意を切り替えてみるだけで、そこにある情報が何であるかわかるようになります。こうやって私たちは、膨大な情報から必要なものを取り出し、その情報の意味を理解しようとしているのです。

情報は貯蔵される――記憶と知識

感覚系から入力された情報は、それが何であるか理解するために「情報処理系」に送られます。この情報処理を担うのが脳です。送られてきた情報はまず人間の中に保存されなくてはなりません。コンピュータではメモリとハードディスクがこれを担当しますが、人間にも同じ仕組みが存在します。これを記憶と呼びます。

記憶は大きく短期記憶と長期記憶の2つに分けることができます。短期記憶はメモリの部分に相当し、送られてきた情報を処理する場となります。最近ではこの短期記憶の解明が進み、視覚情報を処理する視空間スケッチパッドと呼ばれる部分や、音声を処理する音韻ループ、そして先ほど説明した注意の切り替えや情報処理自体を担う中央実行系といった部分（モジュール）に分かれていると考えられるようになってきました[01]。まさにコンピュータです。

一方、処理された情報はハードディスクに保存しておきましょう。これを担当しているのが長期記憶です。長期記憶では、情報が映像や音声などのイメージ、あるいは単語や意味のような言語的な情報として保存されています。これらを知識といいます。人間は、この知識の蓄積という点において他の動物よりも圧倒的な能力を持っています。

この長期記憶、ハードディスクと同じで、一度保存されるとほぼ永久的に（死なない限り）残ると考えられています。心理学の世界では記憶の長期増強性と呼んでいます。

私たちが「思い出せなく」なるのは、記憶が失われているのではなく、検索に失敗してうまく取り出せなくなっているからだと考えてよいのです。また、この検索失敗の理由の一つとして、本来検索したい情報が、別の情報によって邪魔されてしまうからだと考えられています。これを干渉といいます。新しい知識が取り込まれることによって古い知識が上書きされてしまい[02]、取り出せなくなることもあります。反対に、おじいちゃんの昔話のように、昔のことはよく覚えているのに最近のことはさっぱり、ということもあります。古い記憶が強くて、新しい記憶の読み出しを阻むこともあります。

[01] これをワーキングメモリ（working memory）と呼ぶ。

[02] 記憶は失われることがないと説明したのだから、「上書き」は必ずしも正確ではない。あくまで新しい記憶によって干渉を受け、検索しにくくなっているという意味である。

筆者も最近は次第に「年寄り」の仲間入りを始めたようで、若いアイドルの顔を見ても誰が誰やらさっぱりです。そういえば10代の頃私の父が、「みんなかわいらしいばっかりで、誰が誰やら見分けがつかない」というのを聞きながら「この人はもうどれだけダメなんだ?」と思っていましたが、同じ境地に達してきました。見分けられなくなった理由として、若い頃のように一人ひとりに注意を払っていないことや、この年になればそういう「かわいい子」を見た経験も増え、新しく入ってきた子が「似ている他の誰か」と見分けがつかなくなることなどがあるようです。この類似した記憶によって干渉を受けることも記憶の働きであり、検索ができるようにしっかりと記憶しないとうまくいかないのです。

このようにして保存され、蓄積されてきた知識を使って、私たちは新しいものが何であるか、どのような意味を持っているかと理解を進めます。新しく入力されてきた情報のうち、あるものはこれまでの知識と共通していたり似ていたりすることから、われわれの理解可能なものという判断をされます。また共通点が少ないものは「新しいもの」として判断されます。当初出会ったときにはこれまでの知識とまったく共通点がなく、「何だこれは?」と思われたものであっても、さまざまな部分に注意を当てて情報処理を進めていくうちに、既に持っている知識との関係がつながって理解が進むということもありうることです。

私たちの「心」が豊かで、複雑なものに感じられるのは、ひとえにこの知識の膨大さによるところが大きいのです。もっといえば、この知識の存在、そして知識という情報を処理する働きの存在が、私たちに「心」が存在するように感じられる最大の理由です。その心の中身は、無数の神経がコンピュータのように組み立てられており、電気信号のON／OFFを繰り返しているというある意味とても単純なものなのですが、保存できる知識の豊かさゆえに複雑に感じられるのでしょう。システムの単純さと知識の豊かさ、これをキーワードとして話を進めると、以後の話はよりわかりやすいものになります。

熱い認知、温かい認知

今まで紹介してきた認知のプロセスは、さまざまな知識や条件をもとにして、理路整然と情報の処理がされているように見えます。実際にそういう性質の部分が多いです。しかし、この章では感性や感情の話をするのでした。感性や感情は、理路整然というイメージからは少し離れているように見えます。居ても立ってもいられなくなるような強い気分や、心揺さぶられるような激しい感情は、コンピュータではあまり起こらない情報処理の側面です。

人間の感情は、その意味で独特のものです。気分の変化を伴う活動で、時として生理的な変化を基盤とすることもあります。快感や怒りなど強い感情を体験するときには、脳の特定の部位が活動しているのがわかるほどです。そしてこの感情の働きが大きいとき、認知活動も大きく変化します。コンピュータと違い、この感情の働きは人間や動物固有の「血の通った」現象であるため、感情を伴う認知活動を「熱い認知」と呼んだりすることがあります。それほど激しくないときには「温かい認知」などとも言います。

感性も同様に、感情経験を伴う認知活動を指します。また、感覚的な経験に対して感情を伴う豊かな反応をするときには、あの人は感性が高いと言ったりもしますね。魅力をはじめとするさまざまな感覚は、このような熱い／温かい認知を土台としているのです。

03

魅力認知のメカニズム

「好きになってしまう」って何？

「魅力的である」ということを別の言葉で言い換えると、「私は他よりそれが好きだ！」という気持ちが強い、ということに尽きるかと思います。魅力の厳密な定義からすれば、この言い換えは必ずしも正確ではないとはいえ、一般的な印象からすれば、だいたいそんな風に考えてよいでしょう。

この、ある対象をその他の対象よりも好ましいと感じ、よりポジティブな印象を持つものとして選択する行為を選好（preference）といいます。選好はAとB、あるいはそれ以上の選択対象があるとき、ある特定の対象（たとえばB）を偶然ではなく選択することと定義されます。人間の好みとは選好によって選択される対象のことです。

私たちが魅力あるものに出会ったとき、私たちはそれに引き込まれ、ワクワクし、ドキドキします。こうやって文章にすると気恥ずかしいくらい当たり前で陳腐な感じですね。

このとき、私たちの内部ではどのようなことが起こっているのか、自分の中のことといえどもよくわからないものです。私たちは自分のことを、それこそ表面ではわかるのですが、なかなか深いところまで開いて見ることも叶いません。

魅力を感じているときに起こっていること、心理学や生理学では、次のようなことを突き止めています。まずは「好きという気持ちが感じられていること」。これを好意的感情の増加といいます。あまりに当たり前すぎて石を投げられそうですね。でも大事です。

好きになると、離れられない

ただし好意的感情がはっきりと感じられなくても、やはり魅力を感じていることもあります。２００８年に惜しくも他界しましたが、氷室冴子という作家がいます。今ならばライトノベル（ラノベ）作家の走りの一人でしょうか。１９８０年代に10代女子のハートをとらえて離さなかった「コバルト文庫」を中心に活躍した卓越した書き手でした。彼女の代表作に『恋する女たち』という青春恋愛小説があります。その中にこういうくだりがありました（氷室、１９８１）。

それなのに一年の中頃から、あたしは校内でやたらと彼を見かけることが多くなった。

廊下で、食堂で、昼休みのグラウンドで、移動教室の通りすがりに、一日に最低一度は不思議と彼の姿を見た。

初め、こんなにも多く自分の視界に入ってくる沓掛勝《くつかけまさる》という名前しか知らない男の子を、あたしは胡散臭《うさんくさ》い奴だとさえ思った。

あいつは意識してあたしの前をうろちょろしているのではないか、なんてことまで考えたくらいだ。

しかし、どうも違うようだ。

あいつはてんであたしなどには気付いていないし、自然そのものだ。

とすると、あたしの眼が知らず知らずのうちにあのものを捉えるのではないか、と気付いた時は我ながらびっくりした。

なぜなら、あたしが彼の姿を追う理由なりきっかけが、全く判然としないからだ。


どうも魅力に引き寄せられている、それなのに好意的感情まではまだわからない。あまりにも青春っぽくてクラクラしそうです。そういうとき、別の動きが既に始まっています。

一つは関与の継続です。魅力あるものに関わっている時間が次第に長くなり、そして対象を選択的に選ぶようになります。当然ながら対象に対し、注意を持続させている時間も長くなります。また同時にそのことだけをよく思い出し、その記憶は鮮明で詳細にまでわたります。これを記憶成績の高進《こうしん》といいます。寝ても覚めてもあなたのことばかり〜。どこかにありそうな歌詞のようですが、これがリアルな状態として存在するのです。

さらに脳内における快刺激の活性化も見られます。魅力を感じたり、快い経験をしていると意識したりしているときには、脳にある報酬系と呼ばれる部位が活性化しています。この報酬系は、中脳から大脳にかけて存在し、ポジティブな快の感覚を導くところです。せっかくの青春恋愛小説も、心理学の手にかかればこんなに夢のないものになります。これを読んでいる大人の皆さんは、その点よくご理解ください。

魅力を感じる要素

好意を感じ、選好する。これとは別に、人間はある対象を目の前にしたとき、それを手に入れようという行動に駆り立てられるという側面もあります。これは「動機」あるいは「動機づけ」といいます。動機づけは、動機を感じるようにする行動や条件を与えること

図 2-04　マズローの欲求５段階説

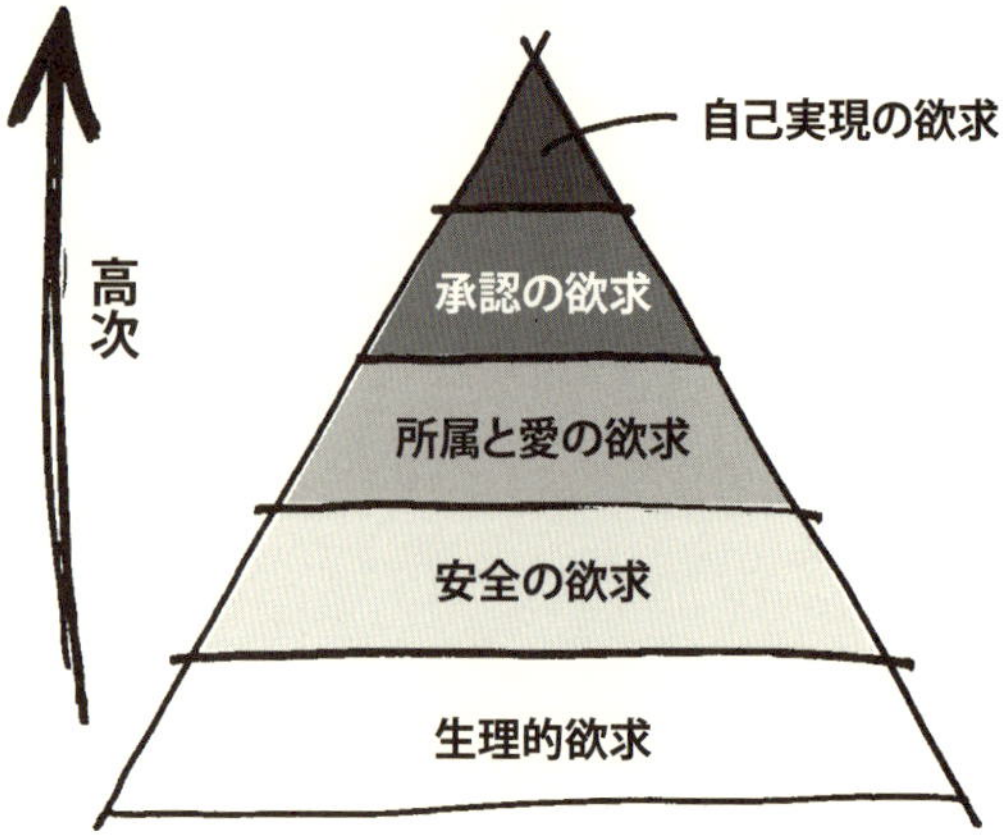

です。動機と動機づけは心理学の主要な研究テーマの一つで、おびただしい量の研究があります。

一般の人にも多く知られている動機づけ理論の代表は、マズローの欲求５段階説（Maslow, 1954）でしょう【図２－04】。マズローは、人間の基本的な欲求を図のように示し、階層の下にあるより低次の欲求が満たされると、次第に1段階上位の欲求を満たそうと発展していくと考えました。これは人間の最も基本的な部分をなしていますので、大変わかりやすいです。ただし本書で扱うような多種多様な魅力を説明するには少し基本的すぎるかもしれません。

一方マローン（Malone, 1981）は当時普及が始まったテレビゲームに着目し、テレビゲームがなぜ強力な魅力を与えるのかについて実証的な検討をしました。調査と実験の結果、テレビゲームには画面に映し出される美しい映像に対する楽しみ以外に、チャレンジを続けて成績の向上を楽しむ動機づけ、ゲームが用意した空想の世界に遊ぶ楽しみなど複数の要素があることを見いだしました。

また、「何かを購入する」という購買に焦点を当てて魅力の理論化を図った研究もあります。小嶋（1972）は、商品の購入を考えるとき、これだけの品質は満たしていないと購入の価値が失われるという必要条件（H要因）と、デザインや広告など直接の品質には関係しないが、満たされていると動機づけが高まるという魅力条件（M要因）が影響を与えると考えました。これが「必要条件＝魅力条件理論（HM理論）」で、魅力条件は必要条件が満たされているときに限り、商品の魅力をさらに向上させる要因になると指摘しました。

それならば、この魅力条件はどのような内容によって構成されているのでしょうか。ミシガン大学が開発した価値意識の尺度LOV（List of Values: Kahle, Beatty, & Homer, 1986）はこの要因をまとめようとしたものです。LOVは大規模な調査から、消費者の価値意識が9つの要素に分類できるとしています。これらは、誰かに所属している、結びついているという感覚（sense of belonging）、面白いことや楽しいこと（fun and enjoyment in life）、他人との温かい関係（warm relationships with others）、充実感（self-fulfillment）、とても尊敬されること（being well respected）、刺激を感じている状態（excitement）、達成感（a sense of accomplishment）、安心感（security）、自尊心（self-respect）の9つです。

これらの価値意識について、作成者であるベイティ（Beatty et al., 1991）は自尊心や他人との温かい関係のような、能動的かつ社会的価値に対する向性を持つものと、安心感や面白いことや楽しいことのような、受動的かつ非社会的な価値意識に基づくものに改めて分けて考えるべきであるとしていて、単に9つの要素があるというよりも、これら9つがさらにいくつかの視点からまとまった因子として、構造的に出来上がっているのではないかと思われます。

「カワイイ」の正体

「え～、ウッソー、カ～ワイイ～！」は1980年代を代表する若者言葉の一つ。これがわかる人ももう40代以上かと思います。女の子らしい態度・振る舞いであることをことさらに強調した自己主張スタイル「かわいこブリっ子」という言葉が流行した１９８０年代前半。価値観としての「カワイイ」が日本人のほとんどに浸透を始めた時期といってもいいかもしれません。その後もこの語は、若い人たちの間であらゆる場面で使用されます。「超～カワイイ」は10代や20代の女の子の常套句です。

図 2-05　顔のタイプと印象

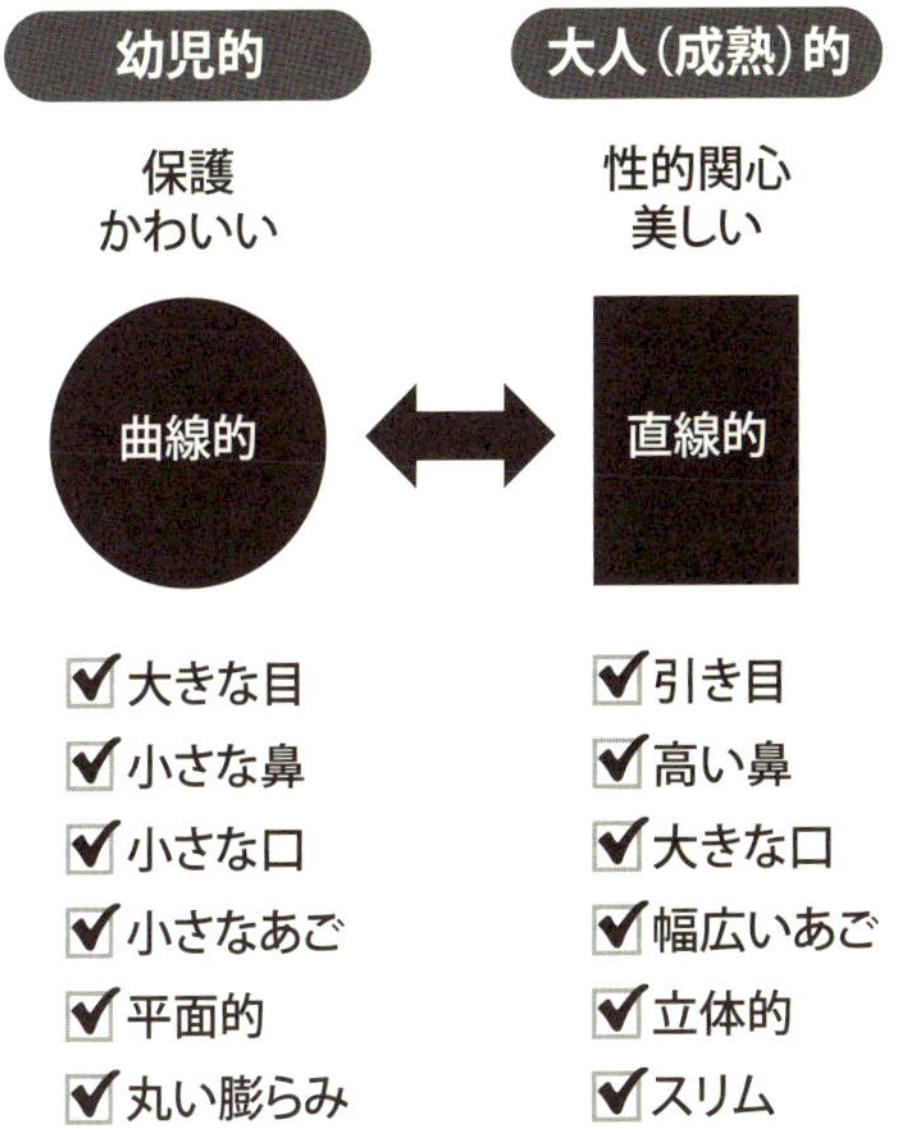

（大坊、1996 を筆者により改変）

「かわいい」の本来の意味は、「①いたわしい。ふびんだ。かわいそうだ。②愛すべきである。深い愛情を感じる。③小さくて美しい」（『広辞苑（第六版）』）であり、現在のように広い範囲を網羅したポジティブな表現として使われるものではありません。古くは清少納言の「枕草子」で「うつくし」と呼ばれた頃か

図 2-06　相貌的知覚の例

このように、クルマのフロントが人間の顔に見えるような現象を「相貌的知覚」という。それぞれ「カワイイ」顔から「ごつい」顔までさまざま。

ら、未成熟な側面をポジティブに強調するものとして使われてきました。今でも、この未成熟さは重要な要素です。

【図2－05】は人間の顔に対する印象を示したものです。ここでは魅力を感じさせる顔として「成熟的」・「未成熟的」の2つを解説しています。未成熟な「かわいい」顔は、丸みを帯び陰影の弱い表面、小さな鼻、大きな目などに代表されるとしています。その反対が成熟的な顔です。この中で、「かわいい」すなわち未成熟的な特徴を持っていると、他者から保護的な関係を受けやすくなることが知られています。

フォルクスワーゲン・ビートル、フィアット・チンクエチェント、日産・マーチ。

これらは「かわいい」顔をした代表的な車です。どれも丸みを帯びた正面であり、大きな丸いライトで両目を表していて、幼児的な条件を満たしています【図2-06】。

しかし、現代において「カワイイ」はもっと広い概念です。闫《えん》（2010）は1970年代から現代までのファッション雑誌を中心とした女性観と女性意識、古賀（2009）、宮台・石原・大塚（1993）の指摘を参考として、未成熟的・少女趣味的な様相の強かった古い「かわいい」観から、同じ女性の間で魅力的であると共通の理解を持つことができるアイテムや姿勢に対する評価として投げかけられる「かわいい」、さらには男性の興味を惹きつける特徴としての「かわいい」まで幅広い発展をしたことを指摘しています。

これらを見ると、「かわいい」という概念は単に少女的な要素を備えているというよりは、自分たちの「内輪」で受け入れられる独特の美的感覚や好み、あるいは消費生活の中で社会的なコンセンサスを得た感覚を取り込むことなど、多角的な視点からの要素であることがわかります。むしろ、現代の「かわいい」は、自己にとって、あるいは他者に対して女性が考えるポジティブな要素を備えた女性に投げかけられる、どんなシチュエーションでも使える便利な賛辞という存在にまで成長したものといえるかもしれません。

感動はどこから来るのか

身の回りの会話でしばしば耳にする「あの映画スゴイ良かった。感動しちゃった」。高い人気を誇った小泉純一郎元首相の名ゼリフ「痛みに耐えてよく頑張った、感動した！」など。感動という言葉はあちこちで聞くことができます。あることに対して深い感銘を受けて心を動かされること。あるいは対象について、強い感情を伴って動かされること。そういう意味なのかと思います。

感動しているとき、人はどんな状態になるのでしょう。感情が強く昂《たか》ぶっていて、身体や精神の感覚が最大限の状態にある。時として身体自体大きく動いている。あるいは「感動に体が震える」などがその最たる例なのかもしれません。感動のあまりいつもの世界が違って見え、誰かにこの思いを伝えずにはいられない。そんな感じかもしれません。

面白いことに、心理学や認知科学の辞典に「感動」の項目はありません。戸梶（2010）によると、英語では感動という語に対応する特定の語もありません。英語の場合、「心を動かす」という move や「印象深い」という impressive で表現され、そこには強い感情や情動を意味する語（emotion, affect）を用いることも多いです。したがって、日本

図 2-07 表情と感情

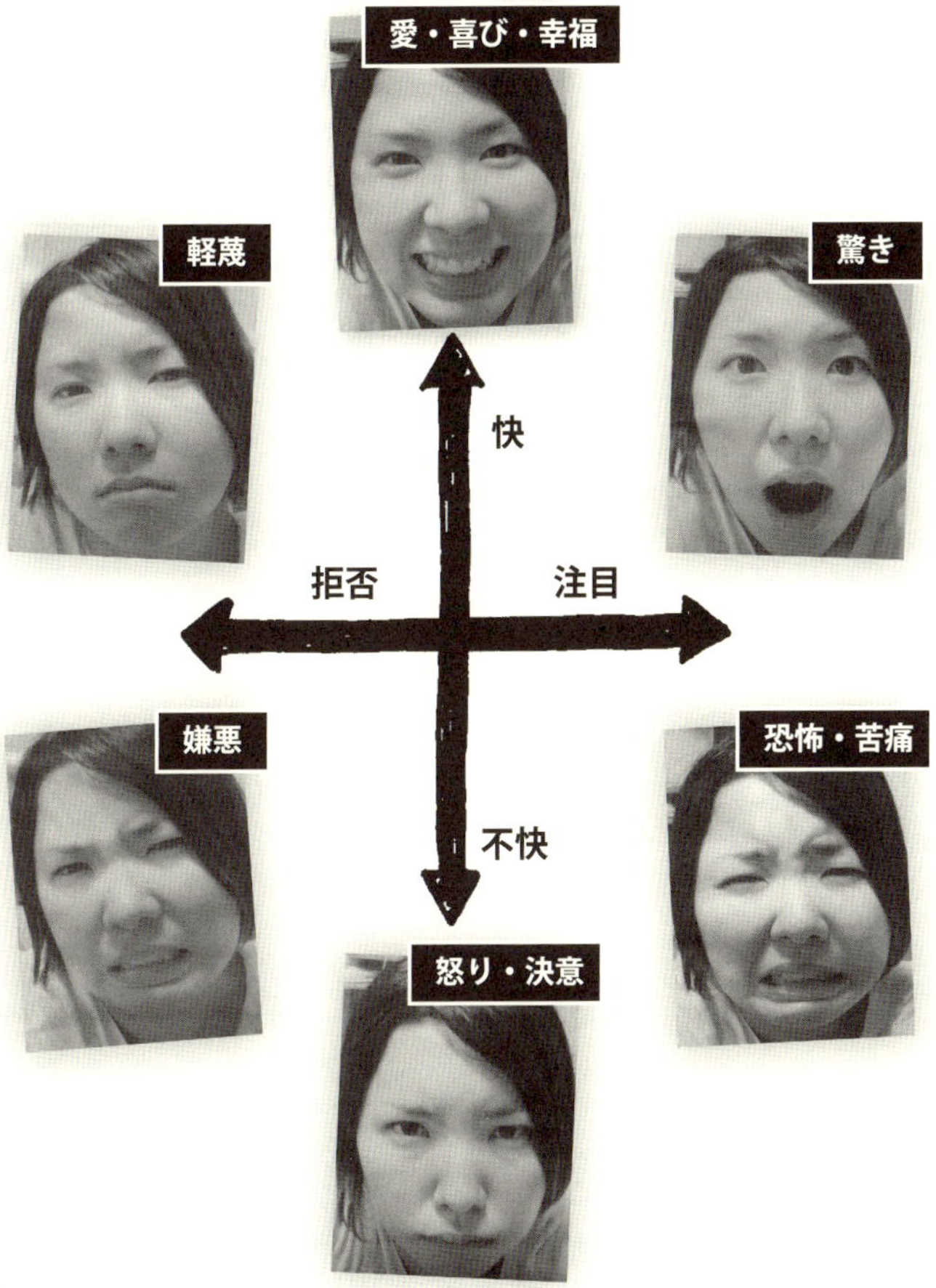

有名なエクマンの６つの表情にシュロスバーグの感情の次元を対応させたもの。

これは、筆者の教え子である坂口博美が授業のために作ってくれた教材である。

人が用いる感動というのは、欧米では複数の意味合いを持つものと思われています。ともかく、感動という言葉には、強い感情の要素が含まれていると考えてよさそうです。

それでは感動のベースとなっている、感情はどのような要素から成り立っているのでしょうか。学者によってもいくつかの説がありますが、エクマン（Ekman, 1992）は人間に共通かつ普遍的な感情要素として、喜び・怒り・軽蔑・恐怖・嫌悪・驚きの6種類を挙げています。またシュロスバーグ（Schlosberg, 1954）はこれらの感情が、快と不快、注目と拒否の2つの次元の上で構成されると考えました【図2-07】。

戸梶（1999）によると、感動体験は喜びやうれしさのような肯定的な感情だけでなく、悲しみや哀れみのような否定的な感情を通しても経験できると指摘しています。たとえば出産や入試の合格といった喜ばしい出来事も感動的ですし、悲しい結末ながらお互いの愛を確認する映画を見ながら静かに感動を味わうこともあるでしょう。確かに、感動を引き起こす経験は喜びも悲しみもあるように思われます。それと同時に、これらの経験について、われわれは思わずその出来事に注意を引きつけられるということにもなります。先のシュロスバーグの理論から考えると、感動は少なくとも快と注目の2つを伴う強い感情から成り立っているようですね。

2

04 単純接触効果とその周辺

♪サカナが心に忍び寄る

たまには、形のあるモノから離れて、音楽の話をしましょう[03]。

音楽のない人生なんて考えられない、という人から、たまに聴いたりするという人まで程度の差こそあるかもしれませんが、お気に入りの音楽がまったくないという人も珍しいかと思います。筆者も一日中音楽漬けの方で、通勤中も仕事中も、何かしらの音楽を流しています。当然お気に入りの曲というのもたくさんあります。その一つ一つをどのように好きになったか、それも一つ一つさまざまな思い出があります。

面白いことに、初めて聴いたときからもうその曲が大好きでたまらなくなった、そんな経験は意外と多くありません。その多くは繰り返し耳に入っているうちに次第に好きになっていくようです。

[03] もちろん、賢明な読者には言うまでもないだろうが、音楽も「人工物」の一つである。

新しいアルバムを買って何度も聴いているうちに好きになったというものもあれば、初めは印象に残らなかったのに、買ってから何年も聴いているうちに、あるとき何かに気づいてあとは堰《せき》を切ったようにハマる、という経験もあります。

また時によっては、ＣＭや店舗のＢＧＭのように、音楽としてはほとんど注意を向けていないにもかかわらず、耳に入ってくるうちに忘れられないほど印象づけられるという経験もあります。

１９９１年、全国漁業協同組合連合会（ＪＦ全漁連）中央シーフードセンターは、家庭の食卓から魚離れの進む中、「おさかな天国」という曲をキャンペーンソングとして作成し、全国のスーパーなどで販売促進の一環で流し始めました。「♪サカナサカナサカナ〜」というシンプルなメロディは覚えやすいこともあり、あちこちで流され、魚売り場の風景としてイメージづけられました。しかしこの曲、あくまでも販売促進の非売品で、魚売り場の曲という存在から離れることもありませんでした。

誰もが知っているけれど、それ以上の存在ではなかったこの曲が２００２年、ＣＤの市販とともに想像もつかなかった人気を博します。既に親しまれていたこの曲がテレビやラジオなどで紹介されると爆発的なセールスを記録、ついにその年の紅白歌合戦に出場を果たす一大ヒットに成長しました。魚売り場で聞き流していたメロディは、いつの間にか人々の「お気に入りの1曲」になっていたのです。

この「繰り返し」は、魅力・行為の形成に大きな役割を果たします。この現象を「単純接触効果」と呼び、アメリカの社会心理学者ザイアンス（Zajonc, R. B.）が中心となって、心理学の中でも最も有名な理論の一つに発展させました。単純接触効果は、ある対象に繰り返し接触すると、その対象の内容や善し悪しに関係なく、接触回数の増加とともに魅力・好意が増加するという現象です。

単純接触効果は私たちを取り巻くさまざまな場面で起こっていることが確認されています。例で示した音楽についても、実験でその効果は確認されています（荷方ら、2004）。また、広告でも繰り返し目にすることによって魅力・好意が上昇しますし（Rethans et al., 1986）、香りや味覚でも起こることが確認されています（庄司ら、2005、綾部ら、2002など）。「おふくろの味」がたとえ料亭やレストランの味に比べて優れているとは限らなくても、多くの人にとって懐かしさを伴う魅力として感じられます。その理由を説明するとき、単純接触効果は説得力を持つものの一つとして挙げることができるようです。

コーラも心に忍び寄る？

また、私たちは魅力や好意を感じているものが、実際に繰り返し出会ったものかどうか気づかない、あるいはそれに出会った記憶さえないこともあるようです。これを閾下《いきか》単純接触効果と呼びます。気づかないように繰り返し提示しても魅力が増加するこの現象は、古くは「サブリミナル効果」として知られた現象に極めてよく似ています。

サブリミナル効果で最も有名なものは「コカ・コーラ実験」です。市場調査業者のジェームズ・ヴィカリー（James M. Vicary）は、ニュージャージー州フォートリーの映画館で映画「ピクニック」の上映中この実験をしたとされています。上映中のスクリーンの上に、「コカ・コーラを飲め」「ポップコーンを食べろ」というメッセージが書かれたスライドを3000分の1秒ずつ5分ごとに繰り返し提示したところ、コカ・コーラについては18・1%、ポップコーンについては57・5%の売上の増加が見られたとしています。現在ではこの事例は「マユツバ」の代表とされていますが[04]、その現象自体はそれなりに可能性があるものです[05]。

[04] 実験そのものが科学的ではないという指摘がされているほか、そもそもそのような実験自体がなかったという見方（鈴木、2008）もされている。

[05] 可能性があるとはいえ、実験での再現が困難だったりして、少なくとも「実用的ではない」とされている。

なぜ単純接触効果が起こるのか

繰り返し接触するだけで、魅力や好意が増加するというこの単純接触効果。接触を繰り返すうちに私たちの中で何が起こっているのでしょうか。

最も有力な説が、繰り返し接触するうちにその対象に慣れ、対象を理解するために行われる心の中での処理が次第にスムーズになることから起こるというものです。見慣れないものは、それが何であるか理解するのに手間もヒマもかかります。これに対して見慣れたものは、私たちの意識に上らないくらい苦労なく理解ができます。この理解の容易さは、魅力とどんな関係があるのでしょうか。

この考え方には知覚的流暢性誤帰属説《りゅうちょうせいごきぞく》というなかなかムズカシイ名前がついています(Jacoby & Kelly, 1987)。たいていの場合、物事がスムーズに行くとき、私たちはそのことに好ましい気分や印象を感じます。「こんなの楽勝よ!」というとき、私たちは得意げに言うことはあっても、不愉快になることはあまりありませんよね。したがって繰り返しによって対象の理解がスムーズなとき、思わずその対象が好ましいものとして感じられてしまうというのです。

実際には、スムーズだからといってそれ自体が良いものかどうかはわからないわけですが、思わず好ましいと誤って感じる。対象の魅力や善し悪しの判断の理由づけが「誤った」理由によって決まるので、誤帰属説というのです。また、実験でわざといつまでも理解が流暢にならないようにすると、その分だけ好意の形成が停滞することを示したものもあり（Veling et al. 2007）、スムーズ（流暢）な理解が得られることは、魅力や好意の形成に重要な影響を与えることは確かなようです。

知っていても知らなくても、熟知性と新奇性

単純接触効果の知見は、「よく見知っているもの」に魅力や好意を感じる条件が備わっていることを示しています。流暢に理解できるレベルまで達しているようにするならば、実際には単純接触効果のように繰り返し提示せず、丁寧に向かい合って理解しても同じ効果が得られる可能性はあります。

これとは対照的に、人間は初めて出会ったものに対しても強い興味を示すことがあります。代表的な事例としてファンツ（Fantz, 1956）の行った、選好注視実験が有名です。ファンツは、乳児に、人の顔や文字、赤色や黄色などが描かれたプレートを用意して提示

しました。乳児は当初、一番見慣れている人間の顔をした刺激に対して長く見続けるという行動をします。特に生まれて間もない新生児はこの傾向が強いのですが、次第に慣れた刺激以外のものも長く見続けるように変化します。

これら2つの特徴を、熟知性と新奇性といいます。熟知性について、よく知っているものはこれまで長い時間をかけて知識として作り上げており、その分思い出しやすく使いやすいという利点を持っています。これに対して新奇性は、知識としてはまったく未開発のものです。しかし人間には好奇心という大変強い動機があり、好奇心を感じたものに対してはどうしても長い時間それに関わろうとする性質があるため、結果としてそれに魅力を感じ、惹きつけられてしまいます。

この2つの性質がどちらも反映される典型として、食べ物やレストランの選択を挙げることができます。何か美味しい物が食べたい、食べに行きたいと思うとき、とりあえず私たちの選択肢には「これまで行ったことのあるお気に入りの店」が第一に出てくるでしょう。たいていのものが美味しいこともわかっているし、どんなメニューがいいのかも覚えている。場合によっては、お店の人に自分の好みを伝えることも可能。熟知していればいるほど、そこで選択したり行動したりする自由度が高くなるので、その分魅力的に映るのです。しかしそうとはいえ、いつも同じところでは飽きも来るし、何か新しい発見もしたいという好奇心もわき起こる。そういうとき、新しく開店したり、ガイドブックで評判だったりというところはどうしても気になる。時によっては、そこが良い・悪い関係なく新しい味を探し求める「食べ歩き」を趣味にしている人も少なくはないでしょう。熟知性、新奇性。いずれも私たちの魅力認知には大きな影響を与えるのです。

「飽きない」ものはどんなものなのか

前節でもふれたように、熟知性の効果は大で、知れば知るほどそこから離れがたくなると言いました。しかし、これとは反対の現象があります。飽きてしまうことです。長くふれていると、どうしても飽きが来てしまう。だからこそ好奇心の強烈な力に影響されて、新奇性の高いものに飛びつくことにもなります。

ただし、飽きが来るかどうかは対象によって大きく異なります。わっと飛びついたのにそのそばから飽きてしまうものもたくさんありますし、長い間共に暮らすことで、どんどん魅力が増していくようなものも少なくありません。この違いはどこから来るのでしょうか。

飽きることを、心理学では飽和といいます。筆者ら（荷方・内藤・池上、２００４）は音楽を繰り返し聴いたときの好意の変化について実験をしました。２つの曲を繰り返し聴いてもらって、それがどのくらい好きかをそのたびに質問するというとてもシンプルな実験です。一つの曲の方は、聴き始めから比較的いいなあと感じるものでしたが、ある程度の回数を超えてくると、次第に好意が低下する。つまり飽きが来てしまうという結果が出ました。もう一方の曲の方は、聴き始めは最初の曲に比べあまりポジティブな評価を受けませんでしたが、回数を重ねるごとに次第にポジティブな評価に転じ、その評価は低下することがありませんでした。

２つの曲の違い、それは曲の複雑さの違いでした。飽和が起こった曲は、メロディも和音も非常にシンプルでわかりやすく、最初から高評価だったのですが、途中から飽和が始まりました。これに対して複雑性の高い曲は、メロディもリズムも和音も複雑で、パッと聞いた感じでは何がなんだかわからない感じでした。しかし次第にわかってくるようになると、聴き手の好意も徐々に上昇していったのです。

このような現象を説明する理論があります。最適複雑性モデル（Berlyne, 1971）といいます。最適複雑性モデルとは、人間は刺激が中程度に複雑、つまり単純でも複雑でもな

図 2-08 最適複雑性モデル

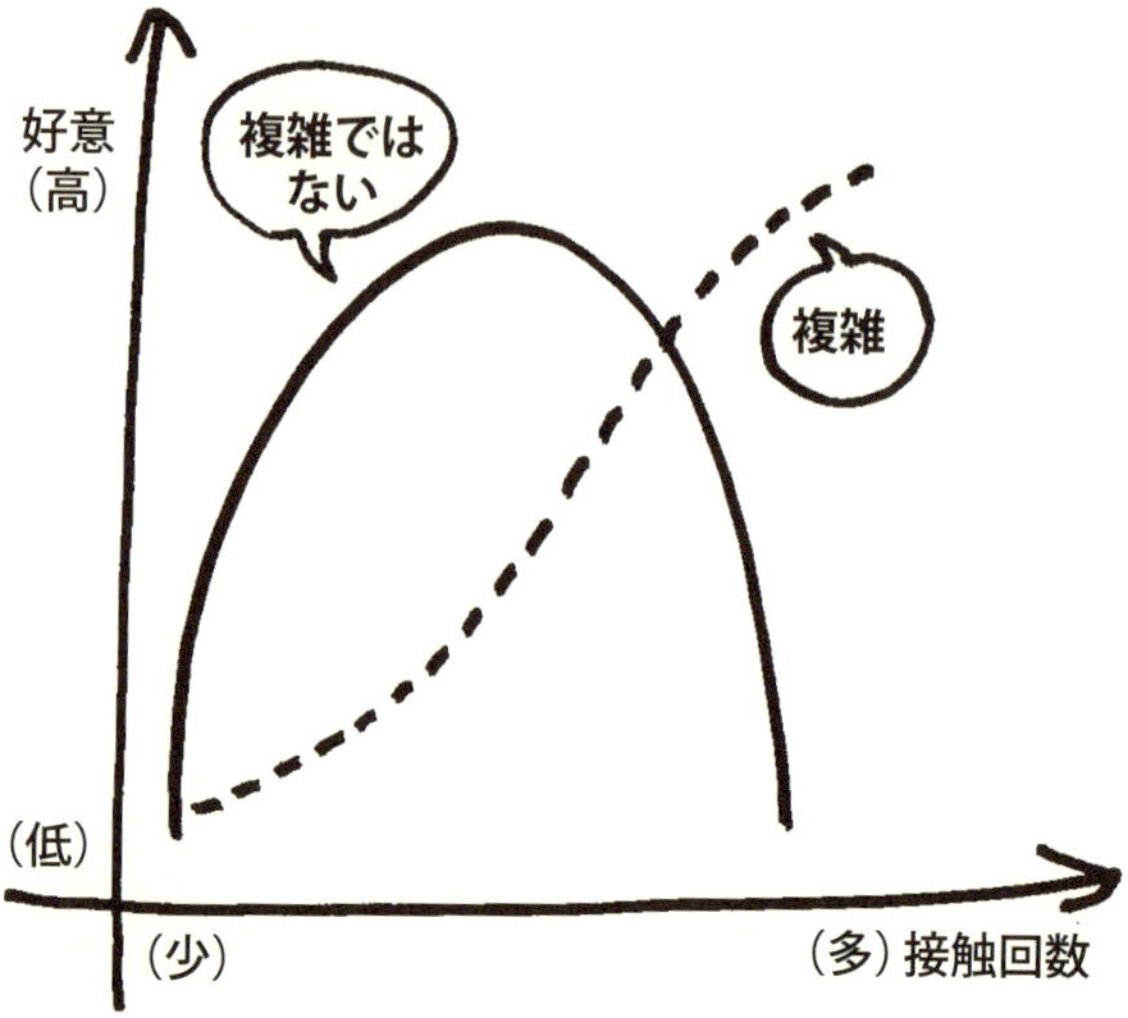

いときは、【図2－08】のように逆U字型の関数のように好意が増加し、次第に飽和していくという現象を実証的に示したものです。もし、刺激が単純であれば好意は最初から高い、あるいは急速に高まりを見せ、その代わりに飽和も早くなると考えられています。また、複雑であるときは好意の増加も遅く緩やかになり、反対に飽和しにくくなるのです。06

「使えば使い込むほど味わいが出る」といったものがあります。文具や調理道具、工具など

06 もちろんそれほど単純ではない要素もあり、あまり複雑すぎるとそもそも好意を持たれなかったりもする。あくまで提示された刺激に対して、多くの人が快いと感じることが条件となる。

はその代表かもしれません。これらは、長く使用するにつれて使う側の技量が上がったり、細かいところで絶えず変化があったりすることによって、複雑さ自体も次第に増加し、その分だけ魅力が長く続くことに理由がありそうです。興味を失わないだけの奥行きがある。飽きないことにはそれが必要となるのです。

発展解説1

多属性効用理論

意思決定で最も有利な選択をしようとする際、多数の条件がどのように関わっているか数学的に示します。それを説明する理論として代表的なものが多属性効用理論です。多属性効用理論は、デザインや価格など複数の条件（属性）が、それぞれ決定に影響するという現象を説明したものです。たとえば、自動車の購入の際の選択行動について、価格（x_1）、サイズ（x_2）といった複数の属性を判断基準として選択した場合、以下のような式（重回帰式）で表現される関数であると考えるのです。

$$f(x)=b_0+a_1x_1+a_2x_2+\dots+a_nx_n$$

このとき b_0 は切片

それぞれの条件はパラメータ（引数）と呼ばれ、もし価格が最も大きな判断基準である場合、価格の係数 a_1 は大きくなります。すべての条件の値が積み重なっていくもの（加算型の意思決定）や、各条件の必要条件が設定され、1つでも満たされない場合には選択されないというもの（連結型の決定）、最も重視する条件から順に評価が行われ、もし条件を満たす対象が複数存在する場合には次に重視する条件が考慮されるもの（辞書編纂型の決定）などがあります。これらは「選択ヒューリスティック【第3章】」の一種と考えられています。

第3章
感じることはわかること

ここでは、思考あるいは言語といった人間の知的活動（高次認知活動）の中で、理解と呼ばれるプロセスから、デザインされた人工物に対する人間の心理について考えます。特に、近年のデザイン領域で重要とされる「使いやすさ（ユーザビリティ）」や「わかりやすさ」といった性質の持つポジティブな意味、複雑なものやシンプル（あるいはベタ）なものがどうして人を引きつけてしまうのかなど、ここ30年で解明の進んださまざまな理論から明らかにしていきます。

01

目を奪われる注意と知覚のプロセス

注意を引きつけるもの

気になる情報は、意識していなくても私たちの目の中にいきなり飛び込んでくることがあります。大売出しの広告、自分と同じ名字の人のネームプレート、美人。自分の意志にかかわらず、思わずこれをじっと見つめてしまう。よくある日常の現象です。

そこに意識が集中すること、それを注意といいます。注意は何によって引きつけられるのか、ここではまずこれを考えてみようと思います。

大きさは、注意を引きつける性質の中でも最もわかりやすい特徴です。【図3－01】にあるように、大きいものは小さいものよりも明らかに目につきやすいことがわかります。人間の視界の中で、大きなものはそれだけ広い面積を占めることになり、このため注意を引く可能性も高くなるのです。

しかし、注意をあるものに向かわせようとする性質は、単に大きいものだけとは限りま

図 3-01 示差性と注意の関係

大きい円は、小さな円より目立ちやすい。

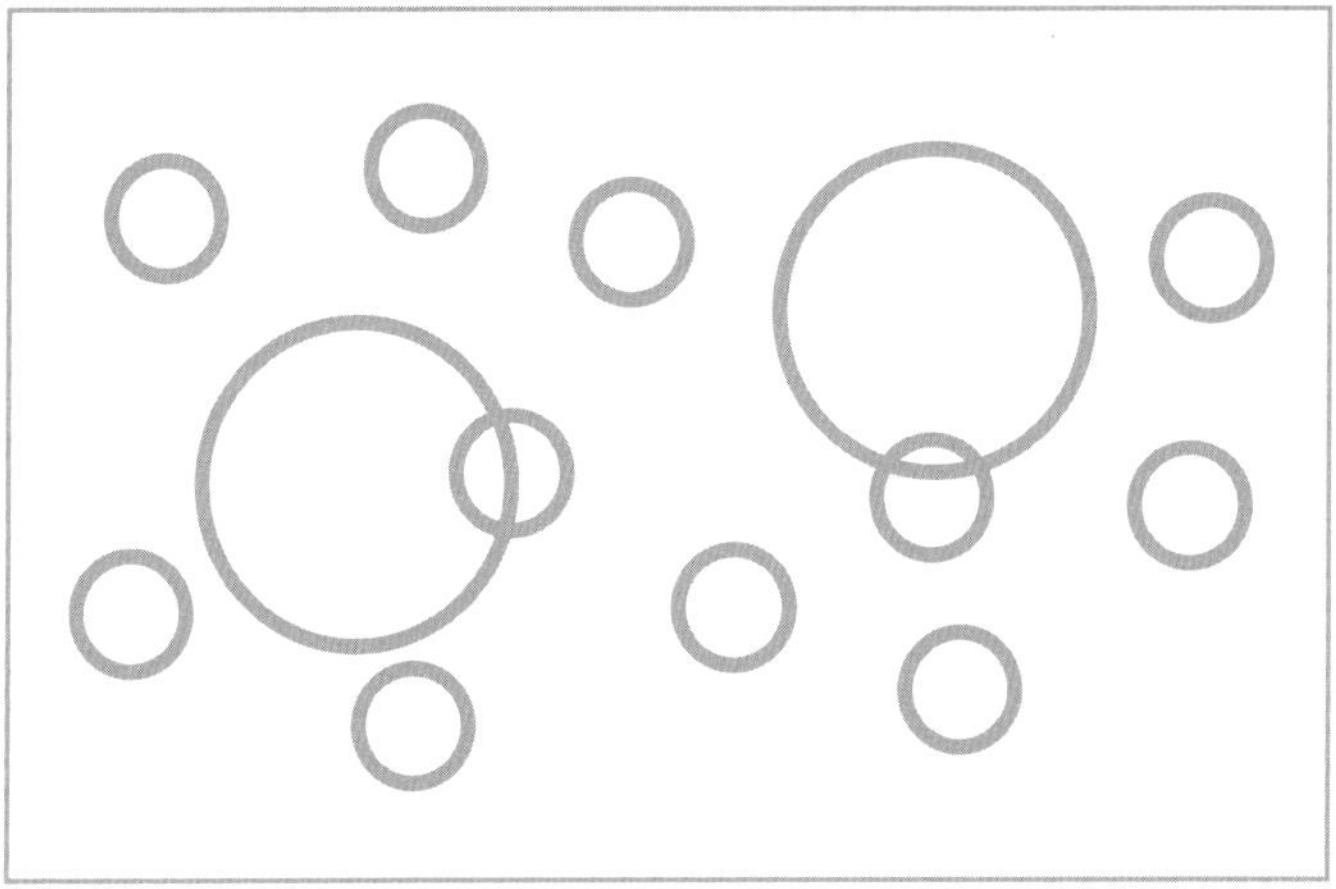

それでも、大きな円の中にある一つだけの小さな円はよくわかる。

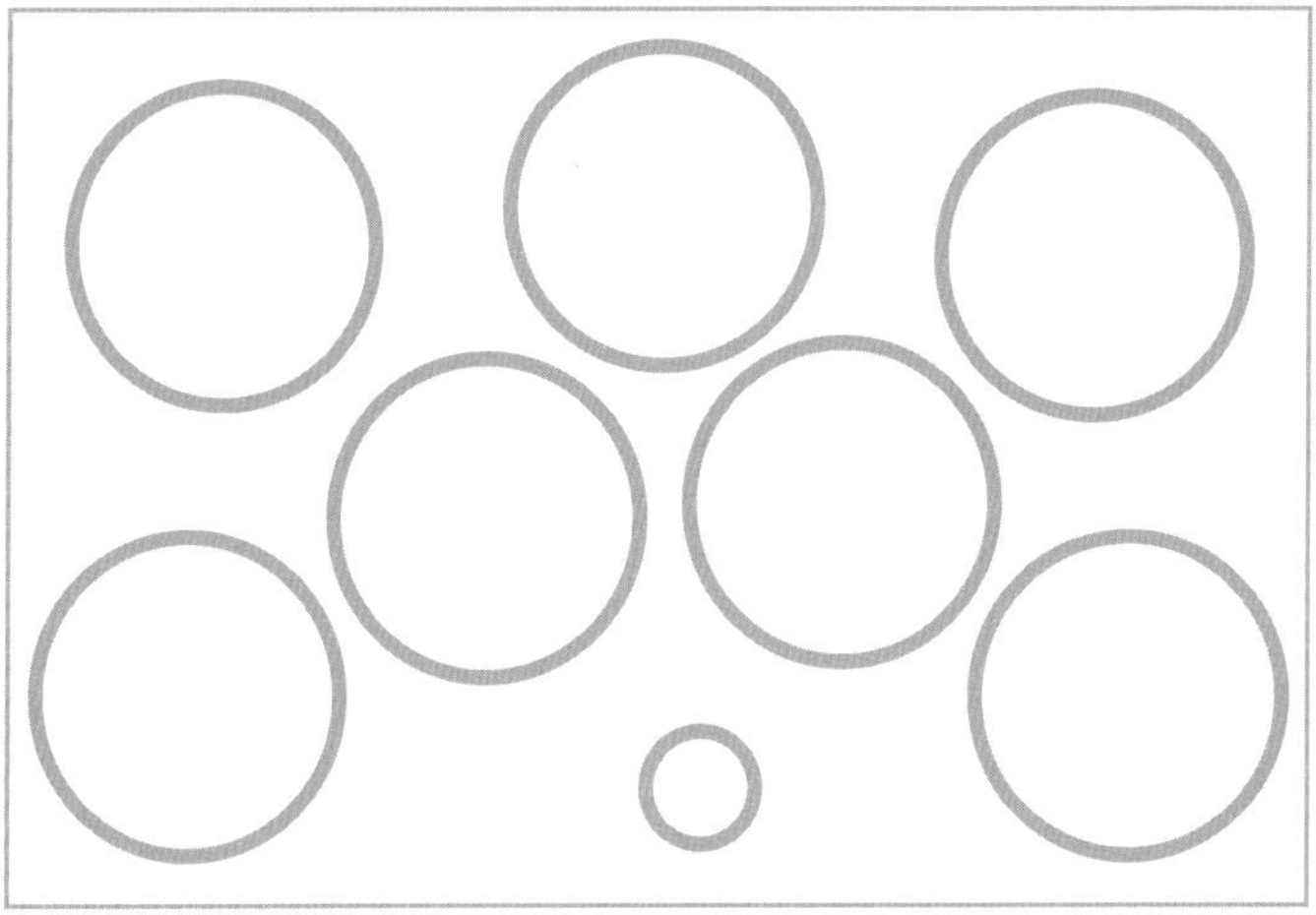

せん。大きな図形の中に一つだけ小さな図形があると、今度はそちらにより注意を引きつけられるようになることがわかります。

人間が注意を向ける特質を一言で言い表すと、「他と違う」と知覚できることです。この他と違う性質を「示差性（distinctiveness）」といいます。私たちは示差性を手がかりに注意を引きつけられているのです。「注意」のメカニズムは心理学では最も古典的な研究の一つで、知覚心理学という分野の主要なトピックですので、心理学の多くの概論書にはたいてい注意についての記述がありますし、認知心理学・知覚心理学の本には一つの章が割かれるほどの説明があります。これらを参考にすれば、注意を引きつけるための示差性を、どういった方法で表現すればよいかはすぐに知ることができるのです。

示差性は大きさや小ささだけに限らず、さまざまな知覚的要素によって構成されています。街中でチカチカと点滅するライトに思わず目がいってしまうのは、そこだけが知覚的に「変化している」という特徴を持っているからです。また、ホワイトボードに書かれたたくさんの予定の中で、大事なイベントが赤いマーカーで書かれていたり、丸く囲まれていたりするのも注意を引きます。これらは色による示差性の表示であったり、囲みという形態的な特徴による示差性の表示です。スーパーのチラシやポップなどの広告、プレゼンテーションの画面、行き先案内の表示など、視覚に訴えるさまざまなコンテンツはこれらのテクニックで満たされているのです。

あちこち差をつけると、違いがわからなくなる

示差性は、他と比較して異なって見えることが第一であり、それがよくできているかどうかといった質の問題とはあまり関係がありません。違いがわかることが最も重要です。

示差性を高めて注意を引きつけようとするあまり、みんなが「違いを強調」すると、「似たり寄ったり」になってしまうことがあります。示差性を強調しているはずなのに、それがあまり効果を示していないものの代表は、選挙のポスターですね【図3－02】。大き

図 3-02　選挙のポスター

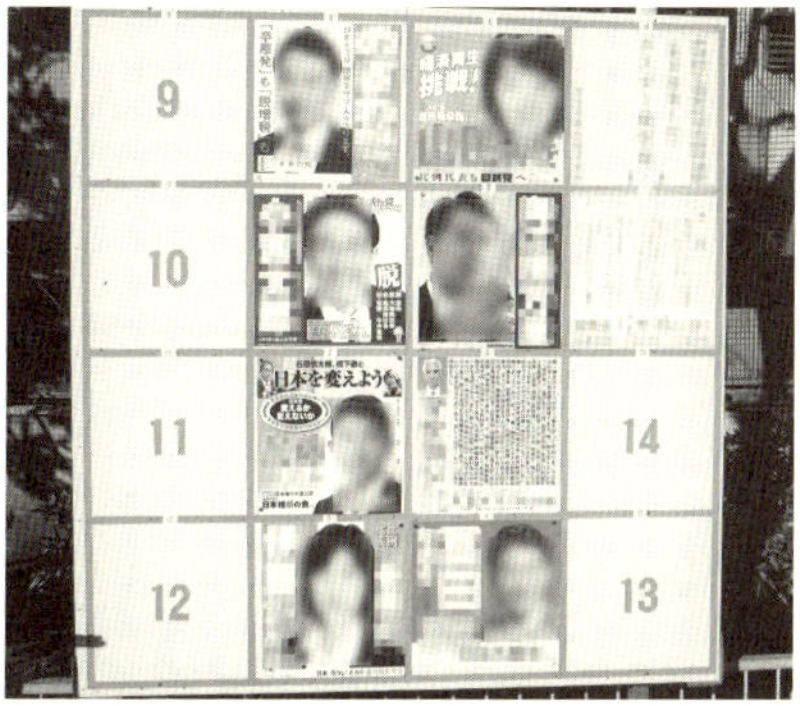

多くの候補者のポスターの中で、明らかに異なるものがあるのがわかる。しかし、そのポスターは、ポスターとして優れたものかどうかは別である。示差性は、目を引く。

な選挙になると、数十人の候補者が一斉にポスターを掲示します。候補者は自分の顔と公約、その他さまざまな情報をポスターに詰め込んでしまいがちです。各候補者それぞれ自分のセールスポイントをできる限り伝えようとしていることはよくわかるのですが、いかんせん見せ方が一様になりやすいのです。

このため、むしろ素人っぽいものが目立ったりすることがあります。選挙ポスターといえば候補者の顔があるのが一般的ですが、たまに顔どころか画像はまったくなく、文字だけのポスターがあったりすると非常に目立つのはそのせいです。

02

「そうさせられてしまう」アフォーダンスとシグニフィア

イスはなぜイスなのか

デザインを語るとき、椅子ほど話題の中心になるものも少ないかもしれません。イームズチェア、アーロンチェア、バタフライスツールなど、有名なものがたくさんあります。座るという行為は人間の人生にとって、寝ることの次くらいに長い時間を過ごすからということもあるでしょう。それを快適に過ごすためにも、人は座るための道具である椅子に心血を注ぐのかもしれません。

椅子が椅子であるための条件。お尻で（時には背中も使って）人間の身体を支え、足への負担が小さくなるようにすること。そのためにお尻を安定した平面で支えること。座ったときに足が地面に届く、あるいは地面よりある程度上にあること。最低限このくらいではないでしょうか。反対にこれらの条件さえ揃っていれば、どのようなものでも椅子として認識されるともいえます。

これらの条件がそろっているだけでは椅子というより、「腰掛け」という言い方がぴったりくるかもしれません。木の切り株、教室の生徒用の机、公園の車止めや安全枠。私たちはいずれも一度くらい座るためにこれらの助けを借りるという行為をしたことがあるはずです。腰掛けとしてのこれらは、私たちにとって当然座るためのものという認識はされていません。いずれも他の用途が認知されているからです。しかし、なぜか座ってしまう。いやむしろ頭で考えた結果ではなく、自然な行為として「座らされてしまう」ようにも思われます。なぜ座ってしまうのか。ここには大変興味深い人間の認知的働きが潜んでいます【図3－03】。

アフォーダンス

1950年代、アメリカの認知心理学者ギブソン（Gibson, J. J.）は、アフォーダンスという概念を発表しました。ギブソンによればアフォーダンスとは、環境を知覚するのに必要な情報は環境（私たちの身の回りの世界）によって提供されるものであり、記憶や推論の助けなしに直接知覚され、環境は動物に対してその相互の関係の中で特定の知覚を引き起こすようになっているというものです。

図 3-03　さまざまな「腰掛け」の形

この考え方を先の椅子の例に使ってみましょう。私たちは椅子など、腰を掛けられそうなものを目にしたとき、その対象の持つ特徴（安定した平面があること、人間の足の高さと平面がちょうどよいことなど）がわれわれに「座ることのできそうなもの」としての知覚を与えます。結果としてその対象は、私たちに対して「座ることができる」と認識させることができます。言い換えれば座ることを支えて（アフォードして）いるのです。また、アフォーダンスは環境とその個人との関係によって生まれるので、座ることに適した対象は、その人の体の大きさや足の長さの違いに合わせて少しずつ違うことになります。子どもにとって「座れる」ところと、大人にとって「座れる」ところは違うのです。

アフォーダンスにとって重要なことは、個人と環境の間に生まれる相互作用によって発生するということです。私たちが環境から受ける情報と、私たち自身の身体との関係を知覚する中で、意識的に知覚しなくても行為が引き出されるともいえます。アフォーダンスは、私たちにとって強力な誘導の手がかり、あるいは私たちの行動を制約する手がかりとして機能するのです。

ノーマンの功績

ギブソンによって提唱されたアフォーダンスは、もともと知覚研究の中では重要な理論ではありませんでしたが、デザインなどに応用されるような理論とは考えられていませんでした。これを現在のようにあちこちで使われるようにしたのが、アメリカの認知心理学者ノーマン（Norman, D. A.）です。ノーマンはそれまでの「美しさ・美観」中心のデザインに真っ向から批判を行った先鋒としても知られていて、１９８８年に出版された名著『The Design of Everyday Things』（日本語訳『誰のためのデザイン？』）では、人工物と呼ばれるデザインやプロダクトの良さについて改めてとらえ直し、デザインの満たすべき要素として美しさや性能・機能以外に、「使いやすさ（ユーザビリティ）」という考え方を導入しました。このユーザビリティという考え方により、たとえ美しく性能が良いものであっても、人間にとってわかりにくい、あるいは人にフィットしなければそれはデザインとして失敗しているとし、「人間中心デザイン」と呼ばれる新たな評価基準を打ち立てたのです。

『誰のためのデザイン？』における彼の最大の功績は、このアフォーダンスを人工物の

図 3-04 アフォーダンス（シグニフィア）を考慮したドアのデザイン

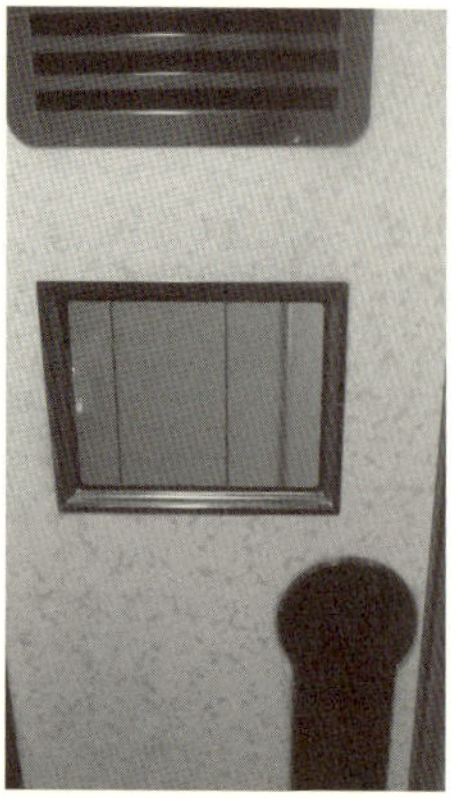

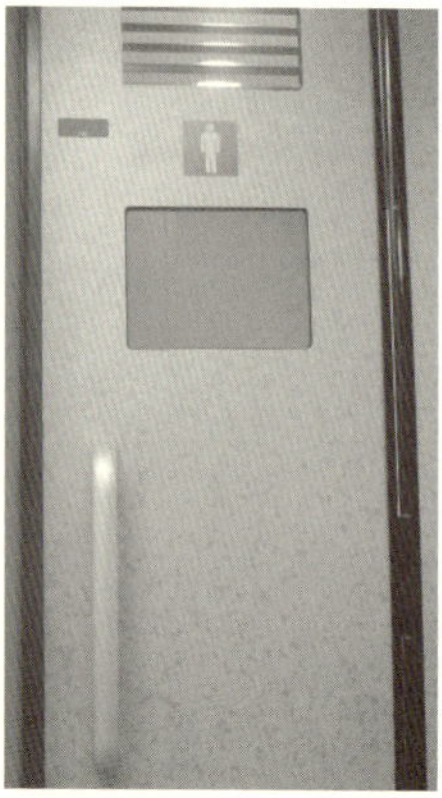

新幹線のトイレのドア。外側は引くためにバーになっており、狭い内側は押して開けるよう、黒いプレートになっている。

デザインのあちこちで見ることができると述べ、それを用いて人間の行動の特性を説明しようとしたことです。彼が例として示したものの代表は、ドアの取っ手です。【図3－04】のように、ドアには平たいプレートやつかむことのできるバーなどさまざまな形状があります。ノブが平たければ人間の制約としてそれをつかんで引っ張るという動作は非常に難しいです。これに対してバー状のものは、どちらかといえば引くことに向いている形状です。私たちは知らず知らずのうちに、ドアの取っ手の形状によって押す・引くの行為をアフォードされているのです。

アフォーダンスからシグニフィアへ

ノーマンが示したアフォーダンスの考え方によって、デザインの理論は革命的ともいえる変化を遂げました。しかし彼のアフォーダンス理論には、最近若干の批判があります。デザイナーによってその行為を引き出すように仕組まれたさまざまなアフォーダンスは、単に行為のトリガー（引き金）、あるいは誘導であり、ギブソンが最初に考えた直接知覚のアイデアとはやや異なること。特に、ノーマン流のアフォーダンスは、人工物に仕掛けられたさまざまなトリガーについて、個人が既に持っている知識や経験に裏打ちされたものが多く、それを引き出しているものが多いと指摘されるようになりました。もとになったギブソンの理論は、知識などとの関わりを説明してはいなかったのです。

そこでノーマンはこの指摘を受け、新たな概念で言い換えようとしています。それはシグニフィアというものです（ノーマン、２０１１）。

シグニフィアは、それが意図的なものであれ、意図的ではないものであれ、適切な行動への知覚可能なサインである。それは、デザイナーが自然で快適なやり方でコミュニケーションできる強力なツールである。（中略）シグニフィアは世界の自然な部分であるかのように振る舞うので、それによるコミュニケーションは苦労は要らず適切である。人は実世界を巨大な情報のデータベースとして用い、日々の活動に従うだけでよい。手引きとするのに必要な情報のほとんどがそこにあり、それは、明示的な物理的情報のときもあれば、暗黙的なときも、あるいは適切な振舞いの社会的標識であることもある。

シグニフィアは、私たちの身の回り（環境）に仕掛けられた知識です。トイレの入口につけられた黒いいかり肩の人形と、赤いスカートの人形。これは男性用と女性用を分けるシグニフィアです。男性はこれを見て、男性用のトイレがどちらか簡単にわかるでしょう。これらのマークは、適切な性別のトイレに入ることをアフォードするマークです。これはギブソンの言うアフォーダンスと違い、われわれが既に持っている知識に呼びかけ、それを引き出すシグナルです。アフォーダンスが人間と環境との相互作用で構成される知覚システムを反映しているのに対して、シグニフィアは人間が長い間の生活の中で獲得してきたたくさんの知識がもとになっています。その知識を引き出すための「手がかり」といってもよいでしょう。シグニフィアは人間の賢さを引き出すものなのです。

03
スキーマとメンタルモデル

「モザイク人間」

1920年代、ロシアの映画監督にクレショフ（Lev Kuleshov）という人物がいました。映画史に残る名作「戦艦ポチョムキン」の監督エイゼンシュテイン（Sergei Mikhailovich Eisenstein）とともに、世界の映画理論の草分け的な存在です。彼が作った実験的な作品にモザイク人間と呼ばれる映像があります。この作品は、人間が目で見たものをどのようにして理解しているか、そのプロセスを説明するためによく使われています。

映像は、4つのショットからなる単純なものです。

（ショット1）背をカメラに向けて鏡に向かう女性
（ショット2）唇のクローズアップ
（ショット3）目のクローズアップ
（ショット4）足のクローズアップ

これらをつなぎ合わせると、1人の女性が鏡に向かって口紅を塗りアイシャドウをつけ、靴をはいて出かけるような印象を感じることができます。しかしこの映像、それぞれのショットに出てくる女性は一人ひとり別の女性。したがって、1〜4のように連続したストーリーが存在したわけでもありません。4つのショットが「化粧をして出かける女性」であるという意味を作ったのは、誰でもない映像を見ている私たちの心の中。受け手の中で新しい「意味」が誕生したのです。クレショフは、さまざまな断片の寄せ集めであっても、見事なまでにまとまりのある一貫した世界を創り上げようとする人間の面白さを浮き彫りにしました。

スキーマとスクリプト

このモザイク人間の映像を、どのようにして理解しているかの仕組みを示したのがバウアー（Bower, G. H.）らをはじめとする研究者です。彼らは、レストランに入ったときに私たちがとる行動を例にとって、どのような行為が存在するかを明らかにしながら、「レストラン・スクリプト」と呼ばれるスキーマが私たちに存在すると指摘しました【表3－01】。このスキーマは、私たちの中に知識として獲得されており、レストランに入ったときのよ

表 3-01 レストラン・スクリプト (Bower et al.,1979)

名前：レストラン

登場人物：客、ウェイター、コック、勘定係
経営道具：テーブル、メニュー、料理、勘定書、金、チップ
登場条件：客は空腹である、客は金を持っている
結　　果：客の所持金が減る、客は満腹になる、経営者は儲かる

場面1：入場
客はレストランに入る
客はテーブルを探す
客はどこに座るかを決める
客はテーブルに行く
客は座る

場面2：注文
客はメニューを取り上げる
客はメニューを見る
客は料理を決める
客はウェイターに合図する
ウェイターがテーブルに来る
客は料理を注文する
ウェイターはコックのところへ行く
ウェイターはコックに注文を伝える
コックは料理を作る

場面3：食事
コックは料理をウェイターに渡す
ウェイターは客に料理を運ぶ
客は料理を食べる

場面4：退場
ウェイターは勘定書を書く
ウェイターは客のところへ行く
ウェイターは客に勘定書を渡す
客はウェイターにチップを渡す
客は勘定係のところへ行く
客は勘定係に金を払う
客はレストランを出る

うな場面では、一連の行為のプログラムとして必要に応じて起動・実行されます。このため、私たちは一つ一つの行為を強く意識することなく進めることができるのです。スキーマ、スクリプト。別のものようですがだいたい似ています。スキーマとはある対象に対して人間が持っているまとまった知識のことです。スクリプトは、スキーマの中でも時間的な順序がはっきりしているものをこう呼ぶことが多いのです。

スクリプトとは、コンピュータ用語で、ある動作をコンピュータにさせるときの一連の命令のまとまりのことです。レストラン・スクリプトは、レストランに入

ってから出るまでのプログラムのようなもので、一つ一つの動きはレストランに入った人に対して指示される「命令」として記述されています。「モザイク人間」のケースで、私たちがたった4シーンの映像から、もっと長いストーリーを思い浮かべることができたのは、このようなスキーマ型の知識が活用されたからなのです。

スキーマは、私たちの思考のあちこちで見られます。たとえば「お子様ランチ」を絵に描きなさいといったとき、私たちはどういう絵を描くのでしょうか？　筆者がこの課題を大学の学生にお願いすると、彼らはたいてい1枚のプレートに型で抜いたご飯（多くはチキンライス）を描き、その上には旗を立てます。そしてエビフライやウインナーがあり、小さなドリンクやスープがついている。こういうイメージで描いてくれることが多いのです。このように、お子様ランチのようなある概念について、私たちが持つ知識のまとまり（旗付きのご飯、エビフライなど）があるとき、「お子様ランチのスキーマがある」と説明することができます。

実際、お子様ランチにルールがあるわけではないので、実際のお子様ランチはその時々に応じて変わるはずですが、私たちのスキーマは強固で、あまりバリエーションは考慮されません。しかもお子様ランチをイメージするとき、このスキーマがあれば簡単にそれがどんなものか詳細に思い出すことができます。スキーマにせよスクリプトにせよ、人間が何か知識や出来事に出会ったときには、これらの知識やプログラムが自動的に起動され、素早く理解をしたり行動を実行したりすることができると考えられているのです。

デザインとスキーマの関係

人間が目の前にある対象を理解しようとするとき、スキーマやスクリプトが大きな役割を果たすことはわかりました。さて、デザインの中でこのスキーマやスクリプトはどのように使われているのでしょう。近年家庭に普及しているＩＨクッキングヒーターにおいて典型的に利用されています。ＩＨクッキングヒーターは、コンロ部分を通電する、つまりコンロでいえば火を使っている状態では、コンロ部分にあるリング状のインジケータが赤く変化するように設計されているものが見られます。もともと火を使わないもので、発熱部分もないので、どこかが赤く発熱することはありません。しかしコンロ部分が赤く変化すると、それが通電中で鍋に熱を発生させる状態にあることがよくわかります。

私たちは長い間、ガスや電熱線など、火を使ったり電熱線を赤熱させたりすることでコンロを使用していました。私たちのコンロに対するスキーマは、「熱を発生させる部分があってそこは赤い」というイメージです。この知識があまりにも強いので、設計担当者はこれまでのコンロと同じような使用感をサポートするために、わざわざ加熱中は赤く変化するようにしているのです。

また、最近は電気自動車が普及しつつあります。電気自動車はモーターで動くので、これまでの自動車のようにエンジン音がなく非常に静かです。しかしこのため車が近づいても気づかないことも増え、新たな事故の可能性も懸念されるようになりました。このため2009年、国土交通省は電気自動車に擬似的なエンジン音を義務化し、現在ではこれらの自動車についても、なんらかの音がするように変更されています。これも、私たちが長い間つちかってきた「自動車についてのスキーマ」がこのような興味深い対処を引き出したといってよいでしょう。

メンタルモデル

アフォーダンスとシグニフィアをデザインの世界に導入したノーマン。彼は物事の理解という観点について、認知心理学の知見をもう一つデザインの世界に紹介しました。それが、メンタルモデル[01]という概念です。これによって、「わかりやすさ」をどのようにデ

[01] もともとはジョンソン＝レアード（Johnson-Laird, 1983）によって提唱された理論。

図3-05　メンタルモデルとコンロのデザイン (Norman, 1990)

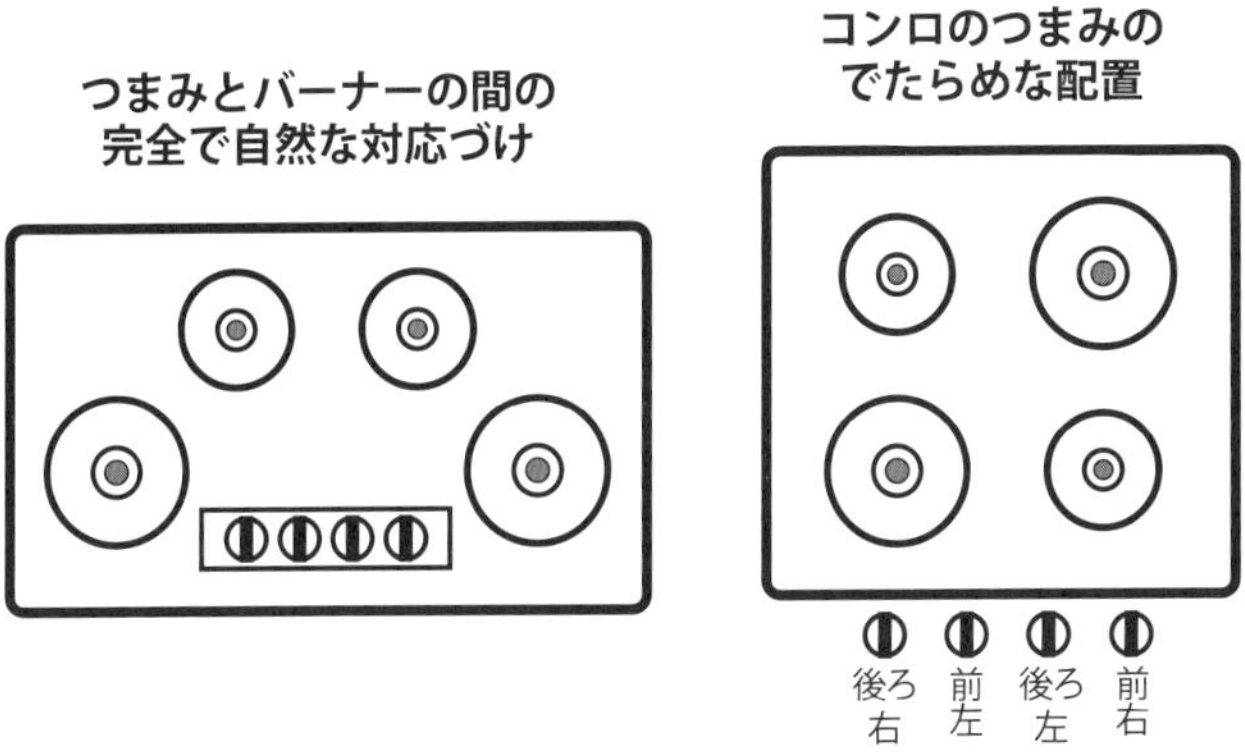

ザインするかについて、重要な視点を提供したのです。

ケイリー（Carey, 1986）によれば、メンタルモデルは、ある物事が機能している仕組みをその人がどう理解しているかを表現したものとしています。たとえば、「電流」を考えるとき、私たちは実際に電流の中で起こっている「電気エネルギーの運動」をイメージすることはありません。おそらくは水道管に流れる水や川の流れのように、具体的にイメージできる題材を使って理解をしようとすることがほとんどでしょう。この、心の中で理解可能なイメージを使って思考を行うとき、メンタルモデルが構築されているといいます。

　ノーマンは、アメリカの家庭で一般的に使われているガスレンジのつまみの配列を使って、メンタルモデルをわかりやすく説明しました【図3－05】。図のように、ガスレンジのつまみの位置が、右から左にそれぞれ対応関係を持つときには選択に困りません。しかしいったんそれぞれのコンロとつまみの位置が、私たちがイメージしている配列ではなくなると、どのつまみをひねればどれが点火するのかまったくわからなくなります。このメンタルモデルと呼ばれる心の中でのイメージ、これは日常生活に大変重要なものなのです。

　メンタルモデルも、われわれが物事に対して持つ、イメージ可能な「意味」であると考えれば、スキーマとよく似た概念にも感じられます。メンタルモデルはガスレンジのつまみの位置のように、意味がどのように組み立てられているかが大事であるのに対して、スキーマは物事に伴う知識の量や質に焦点が当てられることが多いのです。

04
情報量のコントロール

人間はどのくらい頭の中で考えることができるか

「シンプルな方が、わかりやすい」。これはしばしば言われることです。シンプル・単純の反対は複雑ということになりますから、複雑なものはわかりにくいのでしょう。複雑ではないということ、それは情報の量が多くないこと。一つ一つの情報が込み入った関係によって結ばれていないこと。一つ一つの情報の背後に、背景となる膨大な情報や意味が控えていないこと。こういうことでしょうか。

ここでは、人間の認知システムが、どういう情報をどの程度処理できるのかということを考えながら、わかりやすさを支える情報量のコントロールについて考えてみたいと思います。

マジカル・ナンバー「7プラスマイナス2」

1956年、ミラー（Miller, G. A.）という心理学者は人間の記憶について画期的な発表をしました。ミラーは実験から、人間が一度に記憶することができる量について、「7プラスマイナス2個」程度になるというのです。

ここで確認しておきたいのは、単位が「個」であるという点です。数字でも、文字でも、人の名前でも、料理の手順でも、一度に覚えることができるのは7プラスマイナス2個なのです[02]。確かに、7桁の電話番号は比較的容易に覚えることができます。スーパーで買ってこなくてはならない夕飯の材料も、7つくらいなら大丈夫そうです。電話番号は数字7つですが、夕飯の材料7つは「鮭の切り身、キャベツ、玉ねぎ、舞茸、バター、みりん、味噌」のように、文字数にしてみると電話番号よりずっと多くなります。それでも覚えられる。ミラーが「個」と定義したのは興味深いことです。

たとえば携帯電話の表示画面では、画面の大きさや、表示する文字の大きさでやや異なりますが、一画面で表示できる情報はだいたいミラーの原則に従う程度で調整されています。それより多くても混乱しますし、少なければ不便を感じやすい。こういうところにも

[02] 最近ではもう少し少なく4つ前後だとする意見もある（Cowan, 2001 など）。

図3-06　2つの文字列をそれぞれ15秒程度でどれだけたくさん覚えられるか？

(1) TJWRSHVQLFCB
(2) NECTDLUSJIBM

情報量のコントロールは意識して使用されているのです。

まとめれば、覚えられる

マジカル・ナンバー7プラスマイナス2が示していることは、1つのまとまりにまとめれば、いくつでも覚えられるということです。【図3-06】のように12個のアルファベットがあるとします。上のアルファベットを一度に覚えることは非常に困難です。これに対して下の12個は、あることができれば簡単に覚えることができます。

あることと、それは3文字ずつまとめて見ることです。よく見ると、下の12個のアルファベットは、見慣れた3文字の略称が4つあることに気づくはずです[03]。

このように、意味のある1つのまとまりにすること。これをチャンキングといいます。自身にとってひとまとまりとして覚えることができるなら、チャンクの量に限界はなく、そ

[03] それぞれ、NEC（日本電気）、TDL（東京ディズニーランド）、USJ（ユニバーサル・スタジオ・ジャパン）、IBM（アイビーエム）である。

表 3-02 情報をまとめる方法

要因	内容	方法
近接	空間的・時間的に接近しているものはまとまって見える	まとめたい項目を近くに固めて配置する
類同	共通の性質を持っているものは、まとまって見える	●同じ色で共通性を示す ●同じマークをつける
よき（良き）連続	方向性の要因で、滑らかに経過を示すものは、まとまって知覚される	●下や横に向かって並べる ●線でつなぐ
良い形	形の認識の要因で、簡単な図形に見えるように働く	円形になるように並べるなど
閉合	輪郭線によって囲まれたものは、まとまりやすい	●線で囲む ●カッコで囲む

れは1つのチャンクです。落語家が師匠から稽古をつけてもらう「寿限無寿限無五劫《じゅげむじゅげむごこう》の擦《す》り切れ」だって、一度に覚えられるチャンクかもしれません。ひとまとまりの意味にすること、これは効果的な情報量のコントロール方法です。

まとめる方法はさまざまです。たくさんある情報のいくつかを、大きく丸で囲むだけでもひとまとまりにすることができますし、色分けをしても違うまとまりにすることができます。一番ポピュラーな方法は、体制化といってまとめたい情報に共通のタイトルをつけたり、キーワードをつけてタグ付けをしたりすることです。これによってまとめたい情報の上位概念となる意味が付加されるので、情報を階層化することができます【表3－02】。

きっかけは頭の外に置け！

一度に覚えられる記憶量は7プラスマイナス2個。それでは人間はどのくらい記憶を保存しておくことができるのでしょうか？　答えは、「ほぼ無限」です【第2章】。これまでの記憶研究は、一度学習した記憶は人間の中で失われることは基本的になく、なんらかの理由で記憶が検索できなくなったり、似たような他の記憶に邪魔されて思い出せなかったりするだけで、記憶の多くは消滅するわけではないという見解が主流です。

中学や高校の試験を思い出しましょう。記号で答える問題は簡単で、記述は難しいというのが多くの人の記憶に残るところだと思います。記号で答える問題。それは選択肢の中に答えがあって、その答えがどれだったかを確認すればよいものです。これに対して記述は「1787年、松平定信が行った改革は何というか？」のように、頭の中にある記憶を思い起こす必要があるものです。前者のような記憶の確認は「再認」といい、後者のような想起は「再生」といいます。どちらも記憶としては失われていませんが、思い出しやすさには大きな差があります。

再認が容易なら、必要な情報を頭の中で考えるのではなく、頭の外にあるようにすれば

図 3-07 さまざまなリモコンのデザイン

これらは、筆者の持っているリモコンである。それぞれの機能が、似たものについては同じ色で、あるいは同じグループになるようにデザインされていたりする。
また、使わない情報は普段は見えないように隠しておいたり（左２つのリモコン）して、情報が不必要に多くならないようになっている。

いいのではないか。確かに外に出すと記憶は容易になります。これを「情報の外化」といいます。外化によって好きなときに自由に情報にアクセスする。そうすればよいのです。私たちが利用可能な情報は、記憶として人間の内部に保持しておくこともできますし、外化によって人間の外側に置いておくこともできます。[04]

実際、私たちの身の回りではあらゆる情報が外化されています。テレビのリモ

[04] 利用できる情報は資源（resource）と呼ばれ、人間の内部にあるときには内的資源、外化されると外的資源となる。

コンには文字や数字によってそれぞれのキーが何の機能のためにあるのかわかります。最近のリモコンのように、たくさんのキーがあって大変なときには、単に文字で説明をするだけでなく、キーの形、色などを違うものにしながら、それぞれ意味を持たせて示差性があるように設計されているものもあります【図3-07】。

05

「わかりやすさ」を作る

わかりにくいものは、評価されない

単純接触効果における知覚的流暢性、誤帰属性、視覚における示差性の役割、われわれの知識に沿った理解を支えるスキーマ。世界のメンタルモデルがよく構築されていること。いずれも、他の情報より「よくわかる」ようにするための仕組みです。ユーザビリティの中身である「使いやすさ・わかりやすさ」は、人工物の中にこれを取り入れることで私たちの情報処理の中にスムーズに取り込まれるように工夫されているのです。どうしてそこまでユーザビリティは人間にとって重要なのでしょうか。

私たちの脳は、できるだけ簡単に済むように情報を処理しようとする、あるいはある一定の複雑さを超えると急激に情報処理を避けようとする性質があるようです。このため、確実に答えに行き着くことがわかっていても、複雑だったり情報量が多かったりして時間がかかる方法より、正確さには欠けるけれど素早く判断のできるような方法で答えを出す傾向があります。この傾向は「認知的経済性の原理」といい、よりわかりやすい方法を選択する人間の性質を説明しています。

認知的経済性の高い決定の方法として代表的なものが、ヒューリスティック（heuristic）を用いた判断です。たとえば出張先のホテルを選ぶとき、数あるホテルから快適さや値段、交通の便などを兼ね備えた条件に合うものを選ぶにはそれなりにたくさんの情報を比較しなければなりません。このとき過去に泊まったことがあるホテルで不満がなかったものを1つ思い出せば、これらの複雑な情報処理をやらなくて済みます[05]。

実際にはもっと優れた・有利なホテルもあるかもしれませんし、日によってそれが異なる可能性もあります。しかしこの方法を使えば、かなりの確率である程度の満足を感じることができます。それならば時間や労力を消費せずにこのような選択を行い、残った時間や労力を他の行動に使った方が合理的に見えるのです。人間にとって、ヒューリスティックのような認知的経済性の高い方法は、便利で魅力的なものとして多用されることになります。わかりやすさはその意味で人工物の魅力を形作る強力な要因になるのです。

[05] このような方法は態度参照型の選択ヒューリスティックと呼ばれる。

わかりやすさは強力な武器だ

第2章と第3章で示してきたさまざまな現象と、それに対応するさまざまな理論。そしてノーマンのユーザビリティという考え方は、「使いやすさ・わかりやすさ」が、美観とともに「良いデザイン」の根幹をなしているものであるということを示しました。「使いやすい○○」、「世界一わかりやすい△△の教科書」。世間には「使いやすい」「わかりやすい」ものがあふれています。現代の商品・サービスに必ず備わっていなければならないとされるのがこの2つ。「わかりにくい」「使いにくい」という烙印を押されたモノは、現代においてもはや生き残ることができないようにも見えます。人工物の良さや魅力の基準の一つとして、これら2つが大きく関わっていることは言うまでもありません。

さまざまな人工物は、わかりやすかったり、そうでなかったりします。そしておそらく、わかりやすさは人間によって人工物に組み込むことが可能な「特性の一つ」のようです。ここでは、わかりやすさの要因やデザインとしての良さについて考えてみることにしましょう。

図 3-08 シーリングライトのカバー

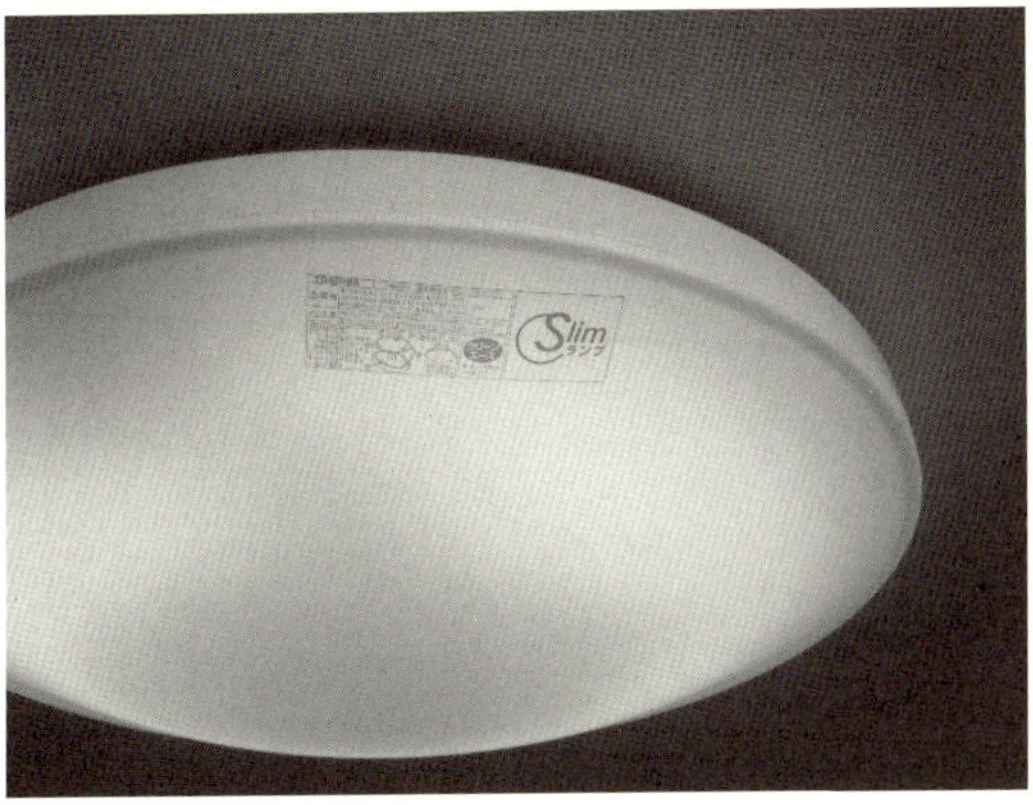

わかりやすさを どうやって備えるのか

確かに、わかりやすさが大事なことはわかりました。では、どのようなデザインをすることで人工物にわかりやすさを持たせることができるのでしょうか。

最もシンプルな方法は、表示です。先にも書いたように、人間が頭の中で一度に処理できる情報には限度がありますし、覚えたことをその都度再生することも決して自由ではありません。このため、必要な情報を、それが必要となるところに示しておく。表示による情報の外化は極めて有効です。【図３－07】のリモコンの例からもわかるように、それぞれのボタンに機能の情報が表示されている。重要なボタンには色がつけられている。誰でもわかる良い方法だと思います。**【図3－08】**は筆者の家にある蛍光灯（シーリングライト）の写真です。ライトのカバー部分には、使用上の注意や蛍光灯の取り付け方法などが表示されています。蛍光灯を取り付けるときに、目の前にきちんと表示がされている。これはシンプルながらとてもわかりやすい。基本的に優れた方法といえるでしょう。

ただしこの蛍光灯の表示は、1点だけ大きな問題を抱えています。蛍光灯を交換する場面は昼夜かまわず発生します。もし夜に蛍光灯が切れたら、薄暗い部屋の中で天井の表示は見えるのでしょうか？ 06 表示はそれが見えるときに限り効果を発揮する。暗くても見えませんし、輸入品のような場合で知らない言語で表示がされていてもダメです。

表示に必要なこと、それは表示がきちんと目に入るところにあるよう、示差性を発揮しておくこと。そして、それがきちんとわかるように、人間の理解のシステムに沿って設計してあることです。表示の個数を7個以内にすることも、新奇性や熟知性の高い項目を選定しておくのも、このような目的に基づいているのです。

06 とはいえ、シーリングライトの場合、他に適した表示方法がないことは、この問題をより難しいものにしている。

図3-09　ヨーロッパの男性用トイレ

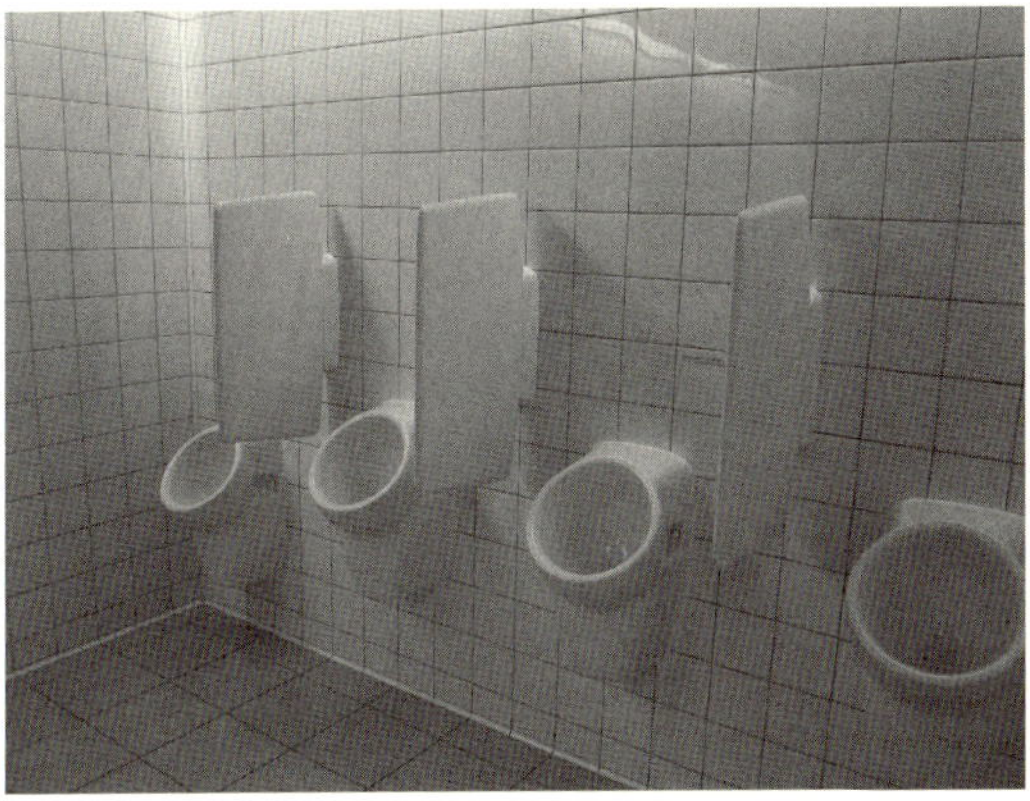

表示が使えないときは？

　表示によって伝達が可能なときはいいのですが、しばしば情報として表現しにくいなどの理由で、伝達が難しかったりすることがあります。これを避ける方法として、人工物にシグニフィア[07]として備え付ける方法もあります。【図3－09】はヨーロッパで見かけたトイレの便器です。一つだけ、高さが低くしてあることがわかりますね。表示は何もされていませんが、一番左は子どもでも使えるということが容易に想像できます。シグニフィアも人間にとって強烈な制約として働くものでした。私たちはその形状と、われわれ自身の性質との相互作用

[07] アフォーダンスと理解することもできるが、ここはノーマンの提案に従ってシグニフィアに統一する。

の中で、身体が大きくない人でもその便器が利用可能であることを「あたかもそうすることを求められている」ように感じることができるのです。

ただしシグニフィアを利用することの欠点に、表示などに比べてシグニフィアを備え付けることができる対象には限りがあって、何にでもシグニフィアが利用できるわけではないことがあります。強力であるにもかかわらず汎用性が決して高くはないことは、どうしても避けて通ることはできません。

まったく違う視点としては、あらかじめスムーズにそれができるように、教育の力によって身につけておくというやり方もあります。建物の避難経路や避難器具など、それ自体表示などでわかりやすく説明はされていますが、いざというときにそれをスムーズに使えるかどうかは生死を分ける重大事です。このため私たちは避難訓練などを定期的にすることで、いざというときに素早く行動に起こせるように練習を繰り返すのです。わかりやすさをデザインして備えることも大事ですが、学習や練習を通し、自分の力でわかりやすくしておくよう働きかけることも、当然ではありますが強力な手立てではあるのです。

第4章
経験と物語が支える魅力

デザインは、ともすれば「買うとき、出会ったとき」のことが語られやすいものです。しかしデザインされたものの魅力や思いは、それと付き合っている間ずっと作られ、また変化していきます。近年マーケティングや認知科学でしばしば話題になる「ユーザ・エクスペリエンス」「経験価値」と呼ばれる、人と人工物の間で絶えず生まれ続ける価値。その内側を、「物語（ナラティブ）」という概念から説明を試みます。

01

価値・経験・人間らしさ

1杯のコーヒーから

パインとギルモア（Pine & Gilmore, 1999）はコーヒー豆を例にとり、企業がそれをどのように扱うかで消費者に提供する価格が異なることを次のように示しました。

コーヒー豆がおよそ1ポンド1ドルで取引されるとき、コーヒー1杯分の豆の値段は1～2セントと換算することができます。これが袋詰めされてスーパーで販売されるときには1杯分当たり5～25セントとなります。さらに通常のレストランやコーヒーショップで提供される時点ではコーヒー1杯が1ドル程度になります。しかし、これが高級レストランで提供されると、価格は1杯数ドル以上にも跳ね上がります。日本円にして1000円ぐらいと考えればいいですね。

1杯1000円オーバーのコーヒー。とても高いと感じますが、都内の5つ星ホテルにもなると、結構当たり前のようです。でもいいですね、5つ星ホテルのコーヒー。ものすごく贅沢な室内で、高そうなテーブルと椅子にゆっくり座って飲むんでしょうね。ひょっとすると、最上階に近いところで、東京の風景を眺めながらなのかもしれません。大切な女性とのデートなんかだと、その雰囲気も最高でしょう。それなら、それも高くはないと思えるかもしれません。

この事例が示すのは、コーヒー1杯の価格は、コーヒー豆やサービスの価格だけで決まるわけではないということです。価格は、消費者が注文してから消費に至るまでの経験の質によって大きく左右されていて、５つ星ホテルのような高級店の場合、得られる経験の上質感という付加価値がついているのです。

コモディティと付加価値

先のコーヒー豆、最初の原価、袋詰めされたときの価格、そして店で売られたときの価格。これらはそれぞれ一次産品（commodity）、商品（goods）、そしてサービスを伴う商品（service）としての価格設定です。もしコーヒーを安売りしようというとき、サービスの価格はカットされ、袋もできるだけ安いものに切り詰める努力をすれば、価格は自ずと下がり原価に近づきます。最後にはサービスや商品の付加価値のような特徴の違いで競争することができず、価格だけで競争が行われるようになったとき、商品は「コモディティ化」しているといいます。

日本でも近年は、不況であることも手伝って商品はコモディティ化の一途です。大手の大型量販店、百円ショップ、これらの販売店は広い店舗の中に商品を並べ、係員は陳列とレジだけの少ない人数に絞られ、仕入れと流通はグループ一括で中間マージンをカットし、可能な限り安くなるよう「企業努力」がなされます。「無駄を省いてできるだけ安く」の声のもと、付加価値やサービスまでカットされるようになるのです。

コモディティ化が進むとき、価格競争に強いのは発展途上国のような勢力です。安い労働力や地代を背景に、同じ品質の商品をより安く生産することができるからです。日本をはじめとする先進国は、価格競争では劣位になるので、技術革新や付加価値のある商品づくりに力を入れ、競争力を維持してきたのです。しかし近年、アジアなど以前の発展途上国の進歩・発展は著しく、先進国のわれわれと大差のない商品を安く生産できるようになりました。

コモディティ化が進む現代で、少しでも競争相手に勝てる製品・サービスを提供する方法。それは付加価値をいかにつけ、ユーザや顧客に受け入れてもらえるようにするか、ということです。付加価値とは何か、それは商品が持っている本来の目的・機能、あるいは価格ではなく、美しさや使いやすさ、ロイヤリティといった「なくても困らないはずだが、あった方がいいと感じられる品質」です。

日本のように現在でも高い技術と文化を持ち、それをモノやサービスに反映させることが可能なとき、おのずと「高付加価値」であることを求められることが多くなります。高付加価値型のものづくりやサービスの提供が、競争力を維持する有効な戦略だと考えられているからです。デザインは、付加価値を高めるための手段として、大きな役割を担っていると考えられているのです。

経験価値

先のパインとギルモアは、商品に関する付加価値、特に商品を買ったり、使用したりするときの経験がもたらす価値に着目し、経験経済（Experience Economy）という考え方を提唱した初めての学者です。またシュミット（Schmitt, 1999, 2003）も経験経済の考え方をマーケティングに応用し、経験価値（Customer Experience）という言葉で解説を行いました。現在ではこの経験価値の概念はさらに広がり、ユーザ・エクスペリエンス

4

（UX; User Experience）という言い方でも頻繁に使用されています。

この経験価値の視点は、現在さまざまな分野で注目を浴びており、言葉を変えて登場します。たとえば看護や福祉の世界ではＱＯＬ（Quality of Life）、つまり生活や人生の質と呼ばれる概念で説明されており、極めて重視されています。ＱＯＬは病気になったとき、治療を行っているとき、あるいは人生の終末を病院で迎えようとしているとき。人間らしく、自分のやりたいこと、心地の良さを最後まで最大限に追求できるよう、医療行為や療養生活に配慮をすることを意味しています。

経験価値、ＵＸ、ＱＯＬ。いずれにせよ個人が人工物を使用する中で得る経験の質が重視されていることには変わりがありません。また、もっと広く考えると、生きていく中で経験するあらゆるものの質が重視されていることでもあるでしょう。医療・製品・サービス。本来の目的もさることながら、実際にそれを経験する時に受ける気持ちがポジティブなものであること。21世紀になって、人間はここまで「人間らしく生きること」を追求することができるようになった証でもあります。このような思想は「人間中心（Human-Centered）」と呼ばれます。第3章でふれた「人間中心デザイン」という考え方も、この思想に強く影響されているのです。

02

経験価値のデザイン

図 4-01　さまざまな酒の瓶

高級酒には、それに似つかわしい豪華さを演出したデザインが随所に見られる。

脱コモディティのためのデザイン

デザインとは何のためにあるのかを現代的な文脈でとらえたとき、それは「脱コモディティの方法」として考えることは意味があるように思います。

例として容器としてのガラス瓶を考えてみましょう。筆者はお酒が好きで、これまでたくさんのお酒を買ってきました。酒の瓶というのは大変バリエーションに富んでいます【図4－01】。手頃な価格の酒は、瓶自体それほど凝ったデザインのものはないのですが、高級なお酒になると瓶も一変します。上質のガラスを使い、色や形、装飾といったデザインが施され、高級感は一気に増すのです。先のコーヒーの例と同様に、高いお酒を飲むシチュエーションで、やはり感じたいのはその時間の上質感、贅沢さ、心地良い気分といったものでしょう。そのときは、やはりそう感じられるようなものが欲しい。雰囲気を最高のレベルまで引き上げるような仕掛けがなされるのです。

これからわかるように、装飾や機能を最適な形に整えることは、付加価値を生み出すデザインです。別の言い方をすれば、デザインは脱コモディティの方法として最も手っ取り早く、なおかつ豊富なバリエーションが考えられるものなのです。

ノーマンのデザイン理論――本能・行動・内省

モノ、すなわち人工物について、付加価値はどのようにして作られるのでしょうか。第3章で登場したノーマンは、1980年代後半から人間中心デザインという視点でこの問題に取り組んだと紹介しました。ノーマンは、それまで人工物が実質的な機能と美的な要素中心で設計され、使いやすさやわかりやすさといった要素を軽視して作られていたと指摘し、ユーザビリティを「備えるべき新しい機能」として設計の中に取り入れることを推し進めた最大の功労者です。

しかし近年になってノーマンは、新たな評価基準を導入すべきだと提案しています。彼は人工物と人間の関係を、単に道具や機械を使うという関係から、道具や機械に対して「人間的な付き合い」をする関係へとさらに広げて考えようとしています。たとえば、車や電化製品がたとえ故障ばかりでも、その美しいデザインや使い手による長い使用の歴史によって、「使えなくても、大好きなモノ」として愛され続けることに着目し、モノが持つ意味、あるいは魅力はもっと複雑で、多面的だと考えました（Norman, 2004）。

ノーマンは上記のような視点から、人工物のデザインの評価について、３つのレベルが仮定できると考えました。第一に美観や欲求のような、人間の基本的・生理的な水準で評価される本能レベルのデザイン。第二には先述したような、機能や使いやすさといった行動レベルのデザイン。そして第三としてより高次の認知過程である人間の思考や理解など、人工物に与える意味や人工物との「付き合い」に代表される内省レベルに関わるデザインです。本能レベルのデザインは、今日デザインの中で最も言及されやすい「アート」の部分、行動レベルのデザインは、ノーマンがかつて確立したユーザビリティの部分、そして最後の内省的デザインこそ、これまでの研究に欠けていた新たな視点です。

図 4-02 フィリップ・スタルクのシトラススクイーザー

ロケットのような美しい曲線が本能レベルでのデザインの満足を、そして、それがレモン絞り器とはわからず、新鮮な驚きや話題をもたらすことが、内省的レベルでの満足をもたらす。

内省的デザインは、人間の経験に基づいた思考や、思考の結果生じた感情を中心とします。たとえば比較的最近人気のあったクレジットカードのCMに「2人で作る思い出、プライスレス」のようなものがありました。このコピーで表現される世界が内省的デザインによって生み出されたものの好例です。出来事を体験することによって構成された理解や考え、そしてその結果生じる感情は、個人によって意味づけられ、それぞれが知識のまとまりとして体制化され、さらに一つ一つの情報は詳細な記憶へと精緻化されていきます。デザインされたモノが持つメッセージやブランド価値、モノに対する関与によって生まれる物語、思い出、結びつきといったさまざまな内省とそれに伴う感情経験が、われわれの人工物に対する評価を支えているのです。

【図4-02】は、フィリップ・スタルクのシトラススクイーザーと呼ばれるもので、一見するとレモン絞り器には見えない個性的な形状です。初めてこれを見た人たちが「？」となるとき、みんなの間でさまざまな会話が広がることでしょう。そして「？」が「！」になる経験をするとき、この製品の経験価値は大きく増すのです。

03

魅力を語るナラティブ・ストーリー

自分のモノとの物語を語る人々

筆者である荷方（2011）は、人工物の魅力とは何かを考える一つの調査を行いました。80名の大学生に、自分の持ち物について、気に入っている理由をできる限り詳しく説明してもらうという調査です。説明してもらう持ち物は、最も身近なもの、そして一番高価なものの2つを選んでもらいました。

最初はどのくらい答えてくれるかな、と思いましたが、いざやってみると出るわ出るわ。一人ひとりの学生が、自分の持ち物に対する思い入れをたっぷり語ってくれたのです。

21歳　女性
気に入っているもの：Faber-Castell（ファーバーカステル）のシャープペン　赤
手に入れた時期：　大学1年の冬

気に入っている理由：

　ちょうど使っていたシャーペンが壊れて、たまたま入った文房具屋さんで1本100円で売っていたので購入。シンプルな形と真っ赤な色がかわいくて、すごく気に入ってしばらく使っていたが、しんが詰まって使えなくなってしまった。どうしても同じものが欲しくて同じ文房具屋さんに行ったが、特売商品でもう取り扱いはなく、入荷もしないという。あきらめきれず、地元の文房具屋さんを全部周り、ネットで調べ、輸入元も調べ、東京に行って文具屋さん巡りもしたが出会うことはなかった…。2年後の今年春、上京した妹の友達が妹へのプレゼントの1つとしてたまたまこのシャーペンを送ってきた!!　妹の友達に連絡をとってもらい、千葉の文具屋さんに取り扱いがあることが分かり、5本買ってもらいました。

20歳　女性

気に入っているもの：YAMAHAのアップライトピアノ

手に入れた時期：　小学校1年のとき

気に入っている理由：

　長く使っているので、とても弾きやすい。

小学校1年の時学校から帰ってきたら家にピアノが届いていた。祖父母・両親からのプレゼント。毎日必ず弾いている。嬉しいことがあった時、辛いことがあった時、いつもピアノの椅子に座っていた。落ちつけるところ。

小学校の時、伴奏をたくさんやったのでピアノをよく弾いた。私の伴奏で父が歌ったり、ギターを弾いたり、思い出がある。受験のため、このピアノで頑張った。

落ちた時、涙を流しながら弾いた。浪人してもこのピアノで頑張った時にはピアノにあたることも…。キズがあるのもいい思い出。

本当に色々な思いがつまった大切なモノです。

20歳　男性

気に入っているもの：ガラスのコップ

手に入れた時期：　２００７年６月下旬

気に入っている理由：

自分の持ってた陶器のコップは液体の色が見えないから、前々からガラスのコップが欲しかった。

クラフトシェアという場所に行ったら透明なガラスのコップが売っていた。そこに牛乳を入れたり、オレンジジュースを入れたりした時にどう見えるかなどを頭で想像し、とても良い感じであると頭の中で判断した。他にも似たコップがあったが、手作りなのでひとつひとつ風合いが違う。とても吟味した。しかも3200円するので、どーしよーかと思い店先を行ったり来たりしたりして（不審な動きであったと思う）、よーやく購入を決めた。

流しの中で何度もコテンコテン倒しても割れない、丈夫でキレイな良いコップだ。

一人ひとりが語る内容は、その持ち物の見た目や美しさ、機能や使い勝手、そして価格などさまざまです。その中でも一番多かったのが、購入時のエピソードや、買ってからの毎日について、あるいは使い続けている折々のエピソードなど。それはまるで自分の親友との思い出を語るように。一つ一つ愛情をもって語られるのでした。

これらのエピソードは、出来事を体験することによって生み出された感情や思考で、ノーマンがいう人工物、あるいはデザインが持つ内省的価値の内容を示しています。多くは美しさや価格、機能といった実質的な価値ではなく、思い出という、それがあってもなくても実質的な価値には影響しない部分です。しかし、これが自分の所有物に対するポジティブな印象の多くを占めているように見えます。この思い出やエピソードとは一体どういうものなのでしょう。

ナラティブ（物語）の描く世界

ここで語られているのは、自分の持ち物という人工物との思い出やエピソードについて紡ぎ出された「物語」です。経験価値を考えるとき、その経験の質的な世界は、このようにさまざまなエピソードで語ることができるようです。

この物語をナラティブ（narrative）といい、近年の心理学はこの概念が人間の中で非常に大きな意味や位置を持っていると考えるようになりました。ナラティブをベースとした思考は社会構成主義（Gergen, 1999; Bruner, 1990など）と呼ばれる新しい人間観・科学観の影響を受け、ナラティブ心理学という分野を開拓しています（Sarbin, 1986）。

ナラティブを重視する心理学の立場は、私たちが見ている世界、あるいは私たちが見ている現実のようなものはすべて、私たちの頭の中で作られた意味や感情といったものによっていると考えています。このため、同じものを見ても人によって作られる世界はまったく違います。コンクリート打ちっ放しの建物を見て、ある人は「モダンな、前衛的な」と好意的に感じるかもしれませんし、ある人には「冷たい、無機的な」とネガティブな印象を持たれることもあります。

また、ナラティブは基本的に物語ですから、人間の使う「言語」に大きく依存します。この言語自体も非常に多義的な意味を持っています。次の２つの文を考えてみましょう。

(1)バレーボール女子決勝　日本はキューバに善戦し、１－３で日本が惜しくも敗れた。
(2)バレーボール女子決勝　キューバは日本を圧倒し、３－１で日本を撃破した。

どちらもキューバー日本戦が３－１で、キューバの勝利だったという事実でしかありませんが、２つの文は大きく違って見えます。勝ちがうれしいときには、その勝ちを際立たせる表現で表します。また、負けて悔しいときには、できる限り頑張りを認めてもらえるような表現に変わっていきます。同じ事実も、言葉が紡ぎ出す物語によってまったく違う世界に見えてくるのがよくわかると思います。ナラティブは、それを作り出す人の視点、つまり自分にとって最も選び取りたい世界に合うように、言葉で世界を作り出すのです。

また、ナラティブはそれが事実ではなくても十分な役割を果たします。先のコップを買った男子学生のように、買う前にあれこれ長い間想像をし、その想像だけでもその魅力が次第に増していることがわかります。彼はコップを得た満足が、買う前と買ってからのどちらによるものかという質問に対しては、9割以上買う前のエピソードによると明らかにしています。空想も、魅力を高めるには欠かすことのできない要素のようです。

先のお気に入りの持ち物について、それぞれの持ち物は特別高価なものや、珍しいものとは限りません。それでも持ち主たちは、自分とモノとの中から生まれたさまざまな物語によって、魅力あふれる世界に引き込まれているように見えます。人工物の品質や価格とは異なる、しかしそれ以上に重要な要素、それがナラティブなのです。

ナラティブの魅力❶――関与

なぜ私たちはナラティブの魅力に引き込まれていくのでしょうか。その理由としてまず「関与」というキーワードがあります。ある人工物に対する関心や重要さの認識、そして対象となる人工物にどれだけ深く・長い時間関わったかという心の働き全体を関与と呼びます。関与研究はクラグマン（Krugman, 1965）以来、特に広告に関する研究などで活発に議論がされています。クラグマンは、テレビ広告が商品の知名度を高めるにもかかわらず、購買意欲にはあまりつながらないという傾向があることに対して、消費者が広告に対しては単に眺めるだけで、深い関与をしていないからだという見解を発表しました。これをきっかけに、関与にはどのようなものがあるか、関与を高めるにはどのようなことをすればいいのかなど、多くの研究がなされています。

私たちが作り出すナラティブは、このような関与が質・量ともに深く進んでいることの現れだということができます。作り上げたナラティブが豊かであるほど、インパクトの強いものであるほど、対象としての人工物への魅力は増していくのだと思われます。

第2章でふれた単純接触効果も、この関与と関係があります。接触が増えることは関与の増加そのものだからです。単純接触効果自体は、接触の回数という量の問題でしたが、関与は接触の質にも大きく関わっているといえます。

ナラティブの魅力❷──「用意された物語」としてのブランド・ロイヤルティ

コモディティ化から比較的遠い次元にあるもの。その代表が「ブランド」と呼ばれる存在です。メルセデス・ベンツ、プラダ、ロレックスなど高級海外ブランドは私たちにとっていまだに高級かつ上質という印象を強く持たせ、なおかつ安売りされることがない存在

図 4-03　ブランドのデザイン

私たちは、高級なものに限らず、信頼を置くさまざまなブランドに囲まれている。これらは気にも留めないことが多いが、明らかに「よく見知った」デザインである。

というイメージを与えます。

それだけでなく、私たちは身近な人工物にしても結構強固なブランド意識を持っています。特定のブランドに対して強い信頼と好意を持ち、購入を繰り返す。これをブランド・ロイヤルティといいます。日本語では銘柄忠誠度と呼ばれるものです。iPodやiPhoneなどで絶大な人気を誇るアップルはもとより、国内で5割以上のシェアを誇るマヨネーズのキユーピー、トンボ鉛筆のMONOなど、価格にかかわらず極めて高い信頼を持つブランドも少なくありません【図4－03】。

ブランド価値を支えるものは何か？　もともとはそのブランドの製品が持つ高い品質によるものだったのでしょう。しかし現代では各メーカーが高い品質を競う時代です。それだけでは価値は保てません。それにもかかわらず、そのブランドの長い歴史の間で培った信頼とイメージは、安定した価値として認識されます。ブランド価値もまた、歴史や人々によって作られたナラティブによって支えられているのです。

アラブの大富豪が乗ったロールス・ロイスの自動車が砂漠で故障したとき、ヘリコプターで修理にやってきて、しかも無償だったという伝説。永久保障を誇るパテック・フィリップの時計。そのデザインの先進性から、ニューヨーク近代美術館（ＭｏＭＡ）に数多く「芸術」として所蔵されているアップルのマッキントッシュ・コンピュータ。兵士の胸ポケットで、銃弾から彼を守ったジッポーのオイルライターなど。高いブランド価値を持つ製品には、数々の「物語」がついて回ります。

私たちがこれまで手にしたことがない、あるいは経験したことがないものを手に入れようとするとき、価格や機能のような実質的な価値だけではなく、このようなナラティブを積極的に利用しようとします。製品のユーザレポート、口コミサイトの人気はまさにこの「ナラティブ・ベース」の思考が重要な位置を占めているからに他なりません。私たちは、ブランド・イメージという既に用意された物語から、目の前にあるモノを知ろうとしているのです。

ブランド・ロイヤルティの認知

ブランド価値は、私たちが製品やサービスを選択するときに、いくつもの手がかりとメリットを与えます。第一に、それが確かな品質と価値を与える可能性が高いだろうと予想させる信頼性。第二に、それを手に入れたとき、自分だけでなく多くの人が「価値あるものだ」と認識しているだろうという社会的なコンセンサスの上での信頼性。自ら体験しなくとも、他者によって作り出されたナラティブをたどる中で、比較的高い確率で満足や充足を得ることができるようになる「信頼性の指標」がブランド価値であり、ブランド・ロイヤルティに従うことで簡単に価値にたどり着くことができるのです。その意味で、ブランドは第3章でふれた認知的経済性の高い基準を私たちに与えてくれるものだといえるでしょう。

また、ブランド価値がナラティブの一種である以上、私たちは深い量と質の認知的な関与を通して、さらにその価値を高めると考えることができます。関与を通して、ブランド

表 4-01　井上（2009）のブランド・コミットメントの分類

陶酔的コミットメント	• 自分にとってこのブランドしか考えられない • このブランドだったら多少他のブランドより高くても買う • このブランドは自分にぴったり合っている
感情的コミットメント	• このブランドを信頼している • このブランドに対して愛着や親しみを抱いている
計算的コミットメント	• 他のブランドを検討するのは面倒である • 他のブランドを買って失敗したくない • あまり深く考えていない、何となくこのブランドになる

に対する愛着（アタッチメント）も増していきます。井上（2009）はブランド・コミットメントを3種類に分類し、陶酔的コミットメント・感情的コミットメント・計算的コミットメントであるとしています【表4－01】。この表からもわかるように、私たちはブランドに対して、信頼だけでなく没入的な愛着を持つこともあるし、深く考えることのコスト消費を避けるための簡便な方略の手がかりとして意味づけを行っているという側面も持っています。

04

自らの存在を確認する

アイデンティティ

デザインは、人間が生きていく中で、自分を取り巻く世界を変化させる工夫のことだと序章で説明しました。その工夫は、現在より便利に、現在より美しくという「より善き世界」を作るために向かう行為の産物と考えることもできます。それと同時に、自分を取り巻く世界がより「自分らしくある」ための行為の産物でもあるようです。自分らしさ、それをアイデンティティといいます。心理学の中で、これほど頻繁に話題となり、研究の対象となり、議論となるテーマも珍しいくらいです。

心理学ではアイデンティティを「自己の存在について、確定的に答えられること」と定義します。「私は男性です」「私が楽しいと思うことは、心おきなく音楽を聴いている時間です」「私は、ずっとキヤノンのデジタルカメラを使い続けています」。このように、自分にとって揺るぎのないものであるように述べることができるもの、これらを積み重ねていくと、次第に自分の存在というものがはっきりしてくる。アイデンティティは自己が他者とは違う特徴・内容を持っていることを示すためのものでもあります。

人間が生まれてから一生を終えるまでの発達の中で、このアイデンティティに関わり始め、強く意識するのが10代から20代前半にかけての青年期だと考えられています。自己に対する意識が次第に強くなり、同時に他者から見られる自己にも敏感になる時期です。また、理想自己と呼ばれる、「こうありたいという自分」が明確に意識されるようになり、自分を重ね合わせるようになります。

自分のことをもっとよく・正確に周りに知ってほしい、同時にポジティブな評価を得たい。これを動機として、「自分らしさの表現」が始まります。毎日鏡の前に長い時間立って、髪の毛から服装にまで細心の注意を払うこと。部活動やアイドルなど、自分が第一だと思っていることに没頭すること。心を許し合い、認め合う仲間を持ち、つながりを深めること。すべてが自分らしさの表現なのです。

持ち物をはじめとする人工物は、このアイデンティティの表現に強い関わりがあります。第1章でふれたように、携帯電話やカバンなど自分の持ち物を気に入ったようにカスタマイズすること。高校生がお気に入りのブランドの服に身を固め街に繰り出すこと。これらも自分らしさを周りに発信する精一杯の行為です。人は、こうしてモノを巻き込みながらアイデンティティを徐々に形成していきます。

生涯発達としてのアイデンティティ

青年期ばかりが注目を集めるアイデンティティですが、アイデンティティの構築は一生をかけて行われる活動です。しばしば間違われやすいのですが、青年期にアイデンティティが形成され、大人になったときには既に完成しているということはありません。大人になるまでには、ある程度の安定したアイデンティティが形成されるのですが、歳を重ねるに従って自己の存在を語る材料は増える一方です。

アイデンティティの形成過程では、理想とするシナリオに自らを重ね合わせるだけでなく、同時に自分のアイデンティティとは異なる価値観や文化を排除しようという働きも生まれます。青年期にさしかかった中学生が、突然親の買ってきた服を「ダサい」といって着なくなるのが典型例です。

理想だと思う自己への傾倒と、自己とは異なるアイデンティティを持つ個人や集団に対する排他的な態度。これは大人になってもはっきりと残ります。40代や50代の男性で、自己のステータスシンボルとして高級車を手に入れようとすることには、理想とする自己を達成しようとする心性が色濃く出ています。また、親の世代となった私たちが子どもの服装に眉をひそめたり、みんながスーツを着て出社する職場にカジュアルな服装で訪れた来客に「場違いな」という目を注いだりするのも、たいていは自己が受け容れているアイデンティティとは異なるものに対する違和感と排除の心理がベースになっています。

アイデンティティ自体は、自己の心の中にあり、自らそれを言明するという形で発現されるものですが、前出のように、モノを通した表現によって発露されることも多いのです。「人は見た目でわかる」としばしば言われますが、むしろ見た目を通して自己主張をしていると言った方が適切な場合も少なくありません。

苦楽を共にする

荷方（２０１１）の調査で語られた、お気に入りのモノにまつわるライフヒストリーには、思い入れのある持ち物に対する、自らが体験した楽しい出来事や辛かった出来事のエピソードが多数見られました。また、モノにまつわる家族や友人のことなど、人に関するエピソードも多数ありました。身の回りの人工物が媒介となり、思い出の表象、あるいは記憶の手がかりとなっていることがここから明らかになりました。人工物は、記憶のための情報がたくさん付加されたものなのです。

フロー体験などの命名者として有名なチクセントミハイと共同研究者のロックバーグ＝ハルトン（１９８１）も、自分が一番大切にしているモノについての大規模な調査を行っています。彼らの調査結果によると、１９７０年代のアメリカで、人々が大切にしているものは家具や写真、美術品など。調査に参加した人々は、それらを大切にしている理由として、家族との思い出を挙げることが非常に多かったとしています。チクセントミハイらによれば、これらの大事なものは家族との思い出を象徴するものであり、自分がこれまで生きてきた中で、感情を伴うエピソードが家族を中心として発生したことをはっきりと示すものでした。

モノは苦楽を共にする。ここに現れるのは、エピソードとしての記憶、エピソード記憶（Tulving, 1983）と呼ばれるものです。エピソード記憶は出来事の記憶で、時間や場所など視覚を中心としたイメージやそのときの感情なども同時に思い出すことができるものです。楽しかった出来事、悲しかった出来事、これらのエピソード記憶には、同時に視覚的なイメージが記憶されています。そのときの場所、モノ、それまでが記憶に残ります。このため、そのときにそこにあったモノは、記憶を思い出す手がかりとして私たちに出来事やそのときの感情を呼び起こすのです。

私たちは結婚や出産、さまざまな家族のライフイベントのたびに、何かしらの品物を手に入れることが多いと思います。記念品、思い出の品。私たちがイベントのたびに何かを買うのは、それが記憶として残ることをよくわかっているからなのではないかと思うのです。

コミュニティ文化と人工物

１９９０年代中盤から、日本中のあちこちで見られた「コギャル」と呼ばれる女子高校生文化。ルーズソックス、着崩した制服、不相応とも見える高級ブランドの小物やバッグ。彼女たちは「渋谷」という街、センター街や１０９などを自分たちのアイデンティティの象徴としました。これと同時に、「アキバ（秋葉原）」を象徴として発生したのが「ヲタク」と呼ばれるコミュニティ。ゲーム・アニメ・ネットといったデジタルメディアを中心として、「萌え」など独特の文化を作り上げた彼らも、彼ら独自のアイデンティティを構築しました。流行も人気も、実際には「モノ」そのものではなく、それを取り巻く人間の文化やコミュニケーションの中で作られることがあります。

自分がよりどころとする文化があることは、アイデンティティの形成において、重要な影響を与えます。心理学ではこれらの文化をよりどころとした集団（コミュニティ）を準拠集団といいます。コギャルやヲタクに限らず、阪神ファン、道産子、理系など、ありとあらゆるものが準拠する属性になります。

社会心理学の知見は、集団はお互いが集まろうとし、それを維持しようとする働きがあることを示しています。この性質を集団凝集性といいます。凝集性を高めるため、集団に所属する個人はお互いに所属意識を高める行動をとります。所属する集団のアイデンティティを高めるため、同じモノを所持し、その集団のみに通用するスラングを使う。異なる価値観を持つアイデンティティには排他的な態度をとる。こうした文化が作り出す「ルール・制約」が、さらにコミュニティの存在を確固としたものにしていきます[01]。

有元と岡部（2008）は女子高校生のコミュニティが持つ文化を研究する中で、プリクラや携帯のメール、ソーシャルメディアといった人工物、あるいは人工物によって作られる仮想的な空間を通して、集団としての凝集性を創出していくことを見いだしています。彼女たちは、プリクラやメールを媒介とした関係の中で、コミュニティ内だけに通用する

[01] 序章で説明したとおり、言語もルールも人工物の一種。ここでは所有するモノと同様に考える。

ルール・スタイルを発展させながら、コミュニティのアイデンティティ・独自性を進化させていきます。それと同時に、集められたプリクラに表現される人間関係、携帯電話のカメラに収められた画像などによって、自己のアイデンティティも積極的に表現されていきます。

もはや人工物なしに経験もコミュニケーションも成立しない

人と人とのコミュニケーションについて、従来の教科書が示してきた典型的な説明は、まず人間と人間の間の言語によるやりとりが主であること、また言語によるコミュニケーション以外に、表情や行動といった非言語的なコミュニケーションも同様に重要な役割を果たすことでした。私たちは、自分自身が表出する情報をもとにコミュニケーションを行ってきたのです。そして、自分自身の存在、アイデンティティ、人間らしさといったものについても、これらのコミュニケーション手段で表現されてきました。

直接対面することができない場合、文字がコミュニケーションを担ってきました。ここで初めて人工物（文字）が登場します。長らくの間、人工物を伴うコミュニケーションのチャンネルは限定的だったのです。しかし、伝達手段は20世紀に入り劇的に進化します。

電話、通信、出版、放送、そしてデジタルメディアに。人工物が間に入らないコミュニケーションの方がむしろ少ないくらいです。

人工物が介在するにつれて、私たちの存在表現も、人工物が持つ特徴に合わせたものとなってきました。感情表現が乏しくなりやすいメールには、絵文字を使って感情表現を補充する。プリクラは自動的に被写体の顔色や目の大きさを、魅力的なものに「整形」してプリントアウトしてくれます。ここでも、私たちは加工された現実の中にどっぷり浸かっているように見えます。

現代に生きる私たち（少なくともある世代までの日本人）にとって、自分が日常受け取っていくさまざまな経験、自分の存在やアイデンティティ、いずれももはや人工物や人工物による加工を伴う表現なしには成立しないように思われます。先の有元と岡部は、このような日常を「デザインド・リアリティ」といいます。魅力も価値も経験も、人工物を伴う「デザイン」の上に立っているのです。

発展解説 2

感性価値創造活動 ―― 日本の場合

ノーマンは、「内省」という言葉で新しいデザインの視点を示しました。これとは違い、機能や価格以外の要素を「感性」という視点でとらえ直す動きもあります。2008 年から経済産業省が推進している感性価値創造活動による一連の活動は、ノーマンと同様にデザインされた人工物に対する感情的側面の意義を重視し、感性という言葉でまとめようとしています。2007 年に提出された感性価値創造活動イニシアティブ「感性☆（きらり）21」報告書（経済産業省、2007）では、感性価値を以下のように定義づけています。

生活者が満足して対価を払う「いい商品、いいサービスとは、高機能性、高信頼性、合理的価格といった価値を超えて、生活者の感性に働きかけ、その感動や共感を呼び起こすものであることが分かる。逆に供給者が商品・サービスがどんなに良いものであると信じても、生活者の共感のレベルが低いものは、買われることはなく価値実現に至らないことに気づかされる。この生活者の感性に働きかけその共感を得ることによって初めて顕在化する、商品・サービスの重要な経済価値を、我々は「感性価値」と表現する。

ノーマンや感性価値創造活動の示す方向性の共通点は、ユーザ（生活者）が人工物から享受する価値だけではなく、ユーザが人工物に対して自ら働きかけることによって生成される価値を含んだ、インタラクティブな視座に立っている点にあります。

第5章

デザインの現場では何がなされているのか

「デザイナー」と聞けば私たちは、その手とペンで、私たちには想像もつかない魅力的なものを次々と描き出す人。そんな印象を持つかもしれません。実際、デザインの現場ではどのような人が何を考え、どうやって新しいものを作り出しているのか。ここでは、デザイナーの仕事や考え方、そしてアイデアを創出するベースとなるものについて紹介したいと思います。

01 人工物のデザイン・プロセス

デザイナーは何をする人か

グラフィックデザインの福田繁雄や佐藤可士和《かしわ》、プロダクトデザインの柳宗理《やなぎそうり》や榮久庵《えくあん》憲司《けんじ》、建築の黒川紀章《きしょう》や安藤忠雄。創り出すジャンルは違っても、みんな「デザイナー」として知られる有名な人です。彼らは芸術家である「アーティスト」とは（一応は）異なる職業として理解されています。

これとは別に「クリエイター」と呼ばれる人たちもいます。コピーライターとして一世を風靡し、現在では手帳やゲームのデザインでも有名な糸井重里なども、デザインやアートの枠組みを超えた存在としては、クリエイターと呼ぶにふさわしいのかもしれません。

彼らをどのように呼ぶのであれ、本書で最初に定義したデザインの定義、「人間が生きていく中で、目の前にある世界をなんらかの目的を持って手を加え変化させること」という点においては、いずれにしても「人工物」であり、デザインという行為の結果であるといえます。

デザインの「ユーザ」である私たちは、デザインされた人工物自体を見ることはありますが、そのデザインがどのようなプロセス・思想で生まれているのかを直に見ることは少ないものです。魅力あるデザインは、デザイナーやクリエイターのちょっとしたインスピレーションで生まれているのか、それとも血のにじむ壮絶な仕事の果てに生まれているのか。生み出されるデザインの現場（ワークプレイス）といっても十人十色、ここではそのプロデュースの世界を紹介してみたいと思います。

デザイン・プロセス

製品開発やメディアコンテンツを制作する一連の過程は、まず市場調査に基づいて製品・コンテンツの企画をし、続いて企画に基づいてデザインするというプロセスを経て、最終的には実際の設計をして生産という流れになります。この中で、企画に基づくデザインの実施がデザイン・プロセスと呼ばれる作業です。

広川（2005）によれば、デザイン・プロセスは【図5－01】のような過程であるとされ

図 5-01 デザイン・プロセス

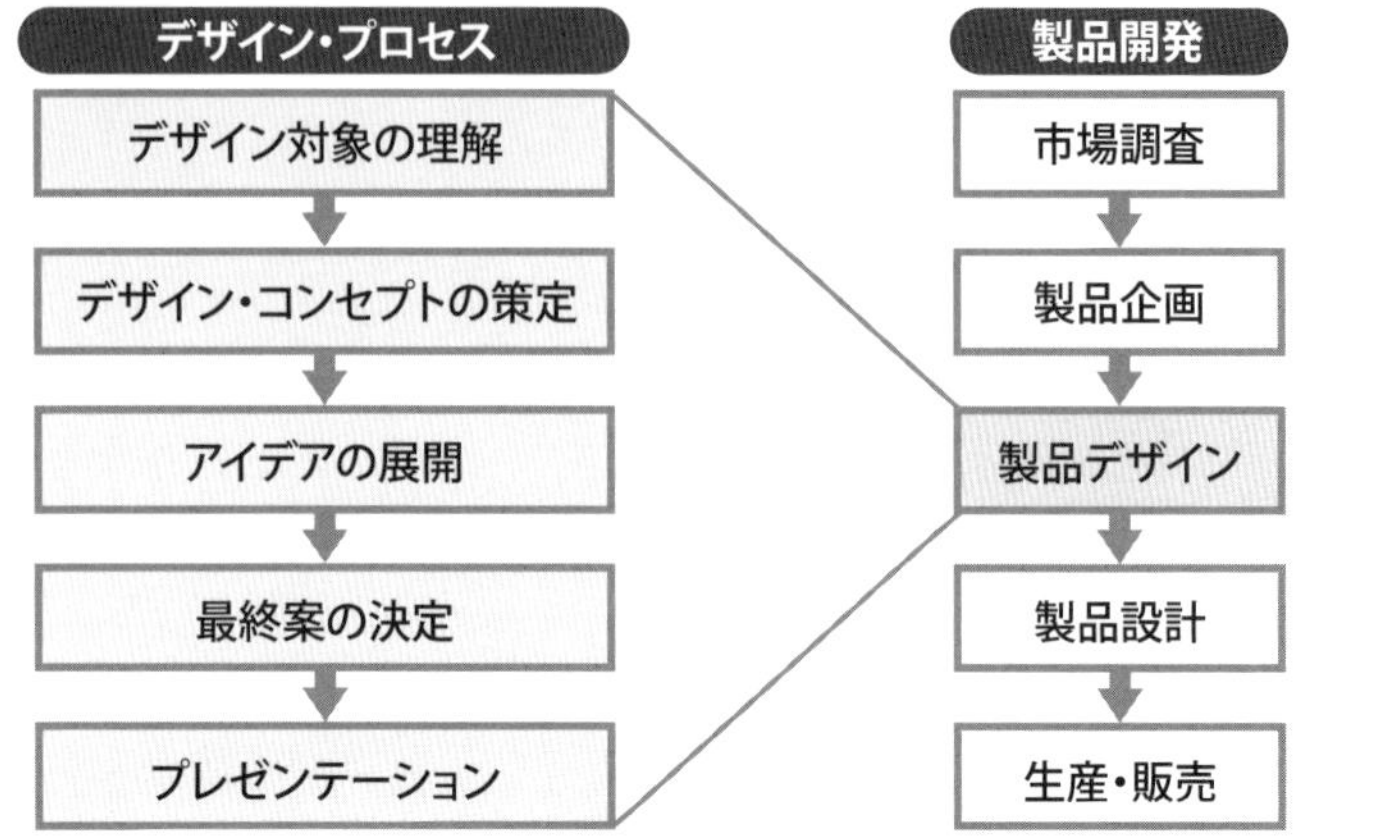

（広川、2005 をもとに作成）

ます。まず、事前に行われた市場調査の結果や、新製品開発の中心となる技術革新をもとにしながら、デザインする対象を理解するところから始まります。新しいモノを作るに当たって、どんな技術があるのか、どういう材料を使うのかなど。デザイナーは、他の部署が持ち込む「目玉となるだろうニーズ・シーズ[01]」が何であるかを知り、時には専門外の知識を一から学び、デザイナーとしてのイメージを豊かにすることになります。

このイメージをもとに、デザインの大きな方向性であるデザイン・コンセプトをまとめます。新しい技術をメインに据えていくのか、技術ではなく美意識に訴

[01] ニーズは、市場の顧客が製品に対して感じている希望や要求。シーズは製品開発の資源（種）となる技術・新しいサービス・価値基準など。

えかけることを主眼にするのかなど、その方向性は製品によって大きく異なります。

コンセプトが決まったら、実際のアイデアの展開です。ここがデザイナーにとって最も中心となる「手作業」の部分です。後述することになりますが、ここでデザイナーは数多くのデザイン案を作っては壊し、または改良しながら狙いとする製品のイメージに起こしていきます。こうしてデザインは最終案の発表までたどり着き、ここからはデザイナーの手を離れ、実際の設計から製品の生産・リリースへとつながっていくのです。

デザイン・コンセプトをまとめるとき、製品の方向性は、ニーズとシーズがどのようなものであるかという視点からスタートします。顧客ニーズの調査、新しい技術の導入。これらによって絞り込まれた制約をもとに、今度は実際にデザインが行われていくことになります。

デザイナーは「意味」を作る

イタリアの経営学者ベルガンティ（Verganti, R.）は、デザインの中心となる目的に、「意味」を創り出すという役割があることを重視しています。新たな技術に基づいて製品が開発されるとき、あるいは技術にはそれほどの新しさはなく、それでも継続的に製品を

図 5-02 ベルガンティのデザイン戦略

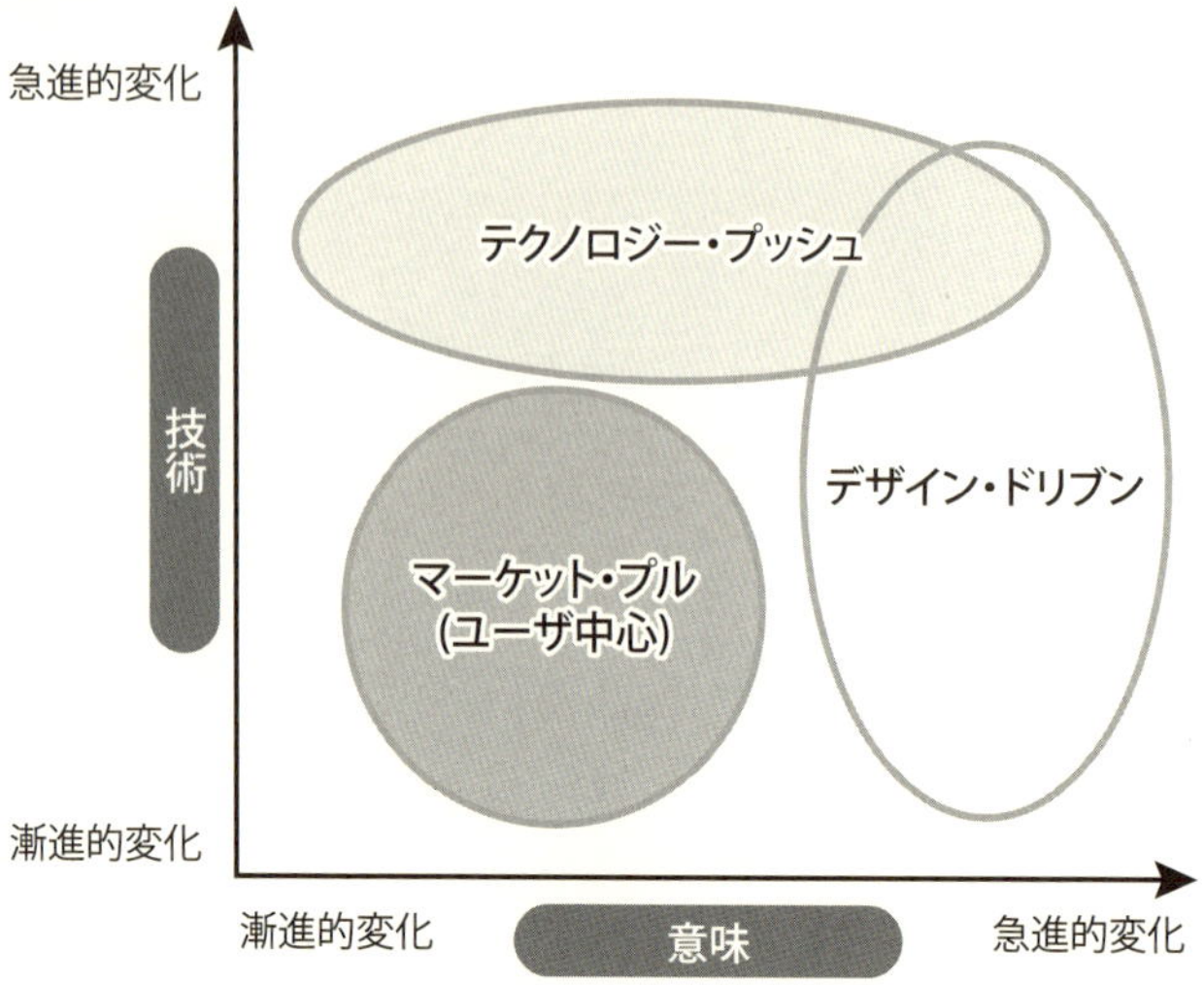

（Verganti, 2012 を筆者により改変）

販売し続ける必要があるときなど事情はさまざまですが。デザイナーはそれらに「意味」をつけて送り出す役割を持っているのです。

ベルガンティは、ある製品を取り巻く環境について、技術の変化（進歩）と意味の変化がどの程度急で変革的かという2つの視点から、どのようなタイプの製品開発スタイルが発生するかを考えました【図5－02】。技術の進歩が急であるときには「テクノロジー・プッシュ」と呼ばれる状態が発生します。テレビやコンピュータなど、次々に新しい技術革新が起こり、普及と同時に価格がどんどん下がっていくような場合、それらの価値は画質や処理速度などのような実質的な機能中心になります。見た目がどうであれ、性能の良いものの方が魅力的なので、デザインのウエートが選択の判断基準としては比較的小さいというものです。

これに対して、技術的な進歩が次第にゆっくりになっていくような場合は、デザインによって創り出された価値に大きく左右されるような状態になります。これが「デザイン・ドリブン」のイノベーションです。デザイン・ドリブン・イノベーションの状態では、製品にはさまざまな「意味」が付加されていきます。製品には、美しい色がつけられ、曲線美などの形態に力が注がれて洗練されます。そして見た目として買い手を魅了するように仕向けられます。

もし、技術にも意味にも大きな変革が期待できないときには、何によって付加価値を見いだすのか。彼は「マーケット・プル」であると説明しています。市場、つまりお客さんへのサービスを向上させ、製品ではなく買い手そのものに直にメリットを与える。値下げなどの方法は極めて有効になります。第4章で述べたコモディティ化もマーケット・プルの最たるものということができるでしょう。

ベルガンティは人工物に対して「意味」を与えることによって付加価値をつけるデザイ

図 5-03 アレッシィのテオ茶こし

ン・ドリブン・イノベーションが中心となっているモノづくりの代表として、イタリアの生活用品メーカーアレッシィ（ＡＬＥＳＳＩ）を挙げています。【図4－02】で紹介した、アレッシィの代表的な商品、フィリップ・スタルクのシトラススクイーザーが代表的です。要はレモン絞り器で、上部にレモンを押し当て、下に流れ落ちる果汁を容器で受ければよいのですが、そのロケットのような斬新な形、一目見ただけではどうやって使うのか立ち止まって考える必要がありそうなほどの雰囲気。複数の人が集まる場面では必ず話題の中心になりそうです。【図5－03】も同じくアレッシィのテオ茶こしと呼ばれるもの。これも茶こしの意味をはるかに超えた面白さがあります。

テオ茶こしを見たとき、私たちは思わず「彼の仕草」にいろいろな思いを感じるでしょう。小さな子どもがこれを見て興味を示したとき、その子のお母さんが彼（茶こし）に成り代わって、子どもに話しかけたりするのが容易に思い浮かびますね。

この2つの例は、何度も登場するノーマンも内省的デザインの典型例として提示しています。内省は、自分の中にある過去や現在の経験、知識など、さまざまな意味を持つ情報を組み合わせ、あるものはイメージとして、あるものはナラティブとしての物語に変換する活動です。新たな人工物に出会ったときに始まり、付き合っていく間にそれとの間に生まれる、何千字、何万字の言葉に相当する情報。人工物に対する私たちの内省は、意味という情報に変換されるのです。

変えるデザイン・変わらないデザイン

デザイン・プロセスの中でデザイナーは、数多くのアイデアを生みます。現実にはさまざまな制約があるとはいえ、デザイナーはひたすらアイデアを生み出し続ける存在です。ここで出てくる「制約」という概念は、デザインの中では「制限」という以上の役割を果たします。

時計を例に考えましょう。腕時計や目覚まし時計、多くの時計は多種多様なデザインがなされているように見えて、実際のところそれほど大きな違いはありません。腕にするベルトと時計の位置、時計として見やすい文字盤の大きさなど、そこには極端にはできないという暗黙のルール「制約」があります。

これらの制約を最も根底で支えていたのは、時計の機構でした【図5－04】。機械式の時計では、バネやおもりによる動力源と多くの歯車や脱進機という部品を最適に組み立てるためにはどうすればよいか。これによって時計の大きさ、形がある程度決まってしまったからです。動力が電池になり、時間を刻む方法がデジタルに取って代わることができるようになったとき、これらの制約は不要になっても差しつかえありませんでした。時間を表示するだけなら携帯電話にもボールペンにも装着可能。指輪や大きめのピアスくらいの大きさにすることも可能といえば可能です。

しかし、だからといってデザインが劇的に変化し、これまでなかったようなデザインが続々と生まれているということもありません。「変えられるけれど、変えない方がよい」という作り手の直感。これらの多くは私たちがその製品に対して持つイメージを大きく壊さないでおきたいというところから発生します、この直感は、第3章でふれたメンタルモ

図5-04　時計のメカニズムと形

もともと時計は、歯車などさまざまな部品が小さなケースの中に精密に組み立てられている。
その結果、時計の形というのも、おのずと決まっていくのである。

デルの働きによるところが大きいようです。イメージを大きく変えてしまうと、ユーザにとっての意味自体が変わってしまう。デザイナーは本能的に、大きすぎる意味の変更は避ける傾向にあるのです。

時計のメンタルモデル、これは時計に親しむほとんどの人間に共通なように思いますが、最近では少し変わってきたようです。筆者が教えている最近の大学生たち、あるいは高校生の中で、時計を持たない子たちが増えました。40代の私たちの10代を振り返れば、家から離れた高校に通うようになるとなんらかの時計を買ってもらい、そこから腕時計をするという文化が確かにありました。しかし最近では、かなりの数の10代が、時間を知りたいときにはチラと携帯電話を見るというスタイルに変わりつつあります。彼らにその理由を聞くと、「買えばそれなりの値段がするし、腕にするのは煩わしいし、忘れたり洗濯したりとトラブルの可能性もある。だったらいつも持ち歩く携帯電話でいい」ということのようです。携帯電話より安い時計なんていくらでもありますし、携帯電話を忘れたり洗濯したりもないはずはないのでしょうが、彼らの文化と生活からすればそれ以外にない「現実」なのだろうと思います。

こうして時計のメンタルモデルが、別のものにとって代わる未来も遠くはないのかもしれません。テクノロジー・プッシュの段階では、モノとそれを取り巻く状況の意味が大幅に変わりながらイノベーションが起こる。こちらにも注意が必要です。

02

対話から生まれるデザイン

現場は「対話」によって創造を進める

デザイン・プロセスは、デザイナーたちの中だけで完結するのではなさそうです。新しい技術を生み出す開発者たち。デザイナーを養成し送り出す教育現場。そしてデザインされた製品を世に送り出すかどうか自体を決定する経営者。彼らはすべて、デザインされた人工物を通して意見を出し合い、情報を提供し、互いに密接な関係を保とうとする人たちです。デザイン・プロセスはその人工物に関わり、意味や情報をやり取りするという「対話」の中にあるともいえます。「対話」はデザイン・プロセスの中で最も重要な要素です。

デザイン事務所やフリーで活躍するデザイナーのもとには、依頼主から「思わぬお誘い」という形で話が持ちかけられることがあります。その誘いは、これまで体験したことがない技術や製品を形にするものです。前項でふれたように、新しい技術の発見はこれまでのプロダクトの中では自明だったデザインの形に、思わぬ変化を要求されることがあります。電気自動車はこれまでの燃料を使う自動車と違い、内燃機関の代わりに電池とモーターというまったく異なる部品を車の中に搭載しなければなりません。あるいはもし、私たちの背中に動力をつけて、空を飛ぶことができるようになる製品が現実の技術になったとき、その製品はどういう形にすればいいのでしょうか。

デザイナーはその技術の専門家ではありませんし、またその製品を上手に売り込むことの専門家でもありません。おそらくその製品を使いこなす「ユーザ」の代表でもないでしょう。それゆえ、デザイナーはそれぞれの人たちに「こういう形にしたら部品をつけることができますか?」「こうしたときに、お店に並べることができますか?」「本当に、こんな使い方をする機会があるのですか?」といった質問をしながら、その新しい未知の技術や目的を学ぶということから始めなければならないのです。やはり、このような対話が物を言います。そういう意味では、デザイナーは理系の知識も文系の知識も理解ができるような「優等生」でなければ務まらないようなことも多いのです。このように、さまざまな世界の人との対話を通して、デザインという行為は進んでいきます。

デザインを取り巻く人たち

もう少し、デザインに関係のある人たちを、詳しく考えてみましょう。

企業には、マーケッターと呼ばれるマーケティングを専門とする人たちがいます。彼らの仕事は、世に送り出された製品が本当に受け入れられ、買ってもらえるようにユーザの声を聞き取って分析する「御用聞き」です。彼らのもとには、売れている製品の特徴、ユーザの欲求や要求、人工物の使用に影響を与える社会や世界の情勢など、さまざまな情報が集まってきます。これを分析しながら、どのようなものが求められるかという未来の予測をします。

技術開発部門・理工系のメンバーは技術という面から彼らに関わります。彼らはデザインされた人工物の「中身」に通じています。人工物のメカニズム、システム、素材など。一人ひとりがそれぞれの専門とする得意分野を持ち、共同で人工物の開発に携わります。時には、デザインそのものにも絶大な発言力を持つことがあります。たとえば、自動車の車体をどのような形にするか。これ自体はデザイナーの領分ですが、風の抵抗には流体力学の専門的な知識が必要であり、ぶつかったときの衝撃も工学的な知識は不可欠です。最終的な形は、設計に携わる彼らなしには決まりません。

流通・販売・営業・メインテナンスのスタッフも、デザインを取り巻くキーパーソンです。彼らは「商品」としての人工物に一番近い人たちです。そして使い手であるユーザに最も近い最前線にいます。彼らは、自分で人工物に接しながら、モノとしての意味を知る人たちでもあります。また、ユーザからの要望やクレーム、ユーザが感じている喜びや満足に直接ふれることができます。彼らは、デザインされた人工物に対して、一番の「情報通」の役割を果たします。

そして、実際の使い手であるユーザも、デザインを取り巻く関係者です。彼らは、モノの主として恩恵を享受し、喜びを感じます。それだけでなく、時として不利益や悲しみさえ受け止めることもあります。デザインされた人工物とともに過ごすパートナーであり、ナラティブ（物語）に参加する俳優でもあります。これらデザインを取り巻くたくさんの人々が、それぞれの立場でそれぞれの役割を果たしています。

デザインのディスコース論

先のベルガンティはこのデザイン活動の中に存在する「対話」という性質に注目し、デ

図 5-05　ベルガンティのデザイン・ディスコース

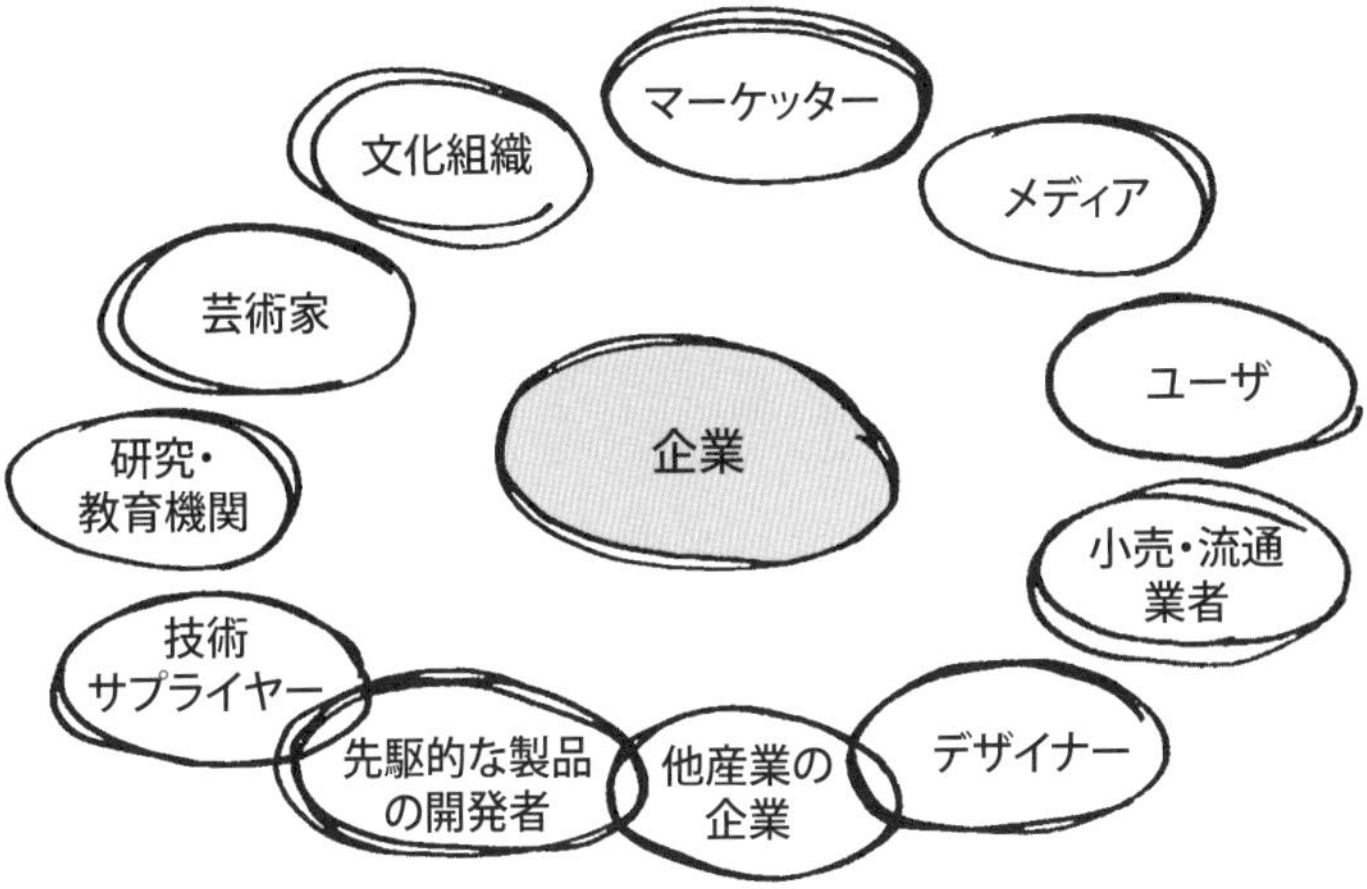

（Verganti, 2012 を筆者により改変）

ザイン・ディスコースという概念を提唱しました【図5－05】。

ディスコースは言説とか談話とかさまざまな訳語があてられます。ある言葉や行いについて、それが語られた、あるいはそこで繰り広げられた活動・行為を含めた意味の全体を指しています。難しいのでもう少し言い換えると、言葉を発したときに、その言葉の辞書的な意味だけでなく、その言葉が発せられた状況（TPO）全体を込みにして理解できるという意味を含めた、そのときの言語活動全体をディスコースと考えます。ただしここでは難しいので、デザインの現場でそれぞれのメンバーがやり取りをし合う

「会話」が成立している状態だと考えておきましょう。

デザイン・ディスコースは大きく、参加・解釈・対話の3つの活動から構成されているといえます。私たちが人との間の「会話」に参加するときと同じような仕組みです。人工物に接するとき、新たに人工物を作るとき、私たちは人工物を目の前にして、それを会話の話題にしながら進めていきます。お互いがその話題に参加しながら、人工物がどのようなものであるか、会話の相手がどのように考え、感じているかについて解釈をしながら理解を深めていきます。それぞれが、自分の持つ能力や感性を使って目の前にあるモノについて、より深い解釈と洞察を加え、会話自体をより楽しいもの、興味深いものに仕上げていく。それと同時に、話題にしている人工物もよりよいものになるキッカケを探し当てたり、より魅力的な存在になるような解釈を与えられたりします。

この「会話」への参加者が、先に示したデザイン・ディスコースを取り巻く人たちです。彼らはデザインの関係者であり、解釈者であり、当事者です。それぞれは、当事者でありながら全体を把握しているとは限りません。デザイナーはデザイナーとしての視点や知識を持っていますが、技術的な理解は必ずしも高くないかもしれません。技術者は人工物のシステムやメカニズムについては深い理解がありますが、それゆえ多くの人がどうやって使うかという視点にはかなりの偏りがあります。また、ユーザは使い手のプロとしてさまざまなシチュエーションでの使用に通じていますが、そもそも人工物の中で何が起きているかはまったく知らないことも少なくありません。このため、人工物がどのような存在であるのかは、彼らすべてが「部分的に知っていること」を足し上げたとき初めて完成するのです。したがって、デザイン・プロセスが進行するということは、対話（ディスコース）に参加する人が情報を解釈し、共有することとして理解することができるのです。

デザイン・プロセスの実際――ポータルソフトウェアの改善

では、実際に新しいデザインをするとき、デザイン・ディスコースの中で、どのようなプロセスを経て進行するのか。筆者の関わった事例で紹介しましょう。

新しいデザインの対象となったのは、ポータルソフトと呼ばれるソフトウェアです。ポータルとは、グーグルやヤフーのようなネットワークサービスや、会社の社内情報サービスのように、検索や情報提供、メールや書類作成などを一つのソフトウェアでまかなおうとするものです。筆者らが関わったのは、ディサークル社がリリースしているPOWER EGGというソフトウェアです。依頼は、当時発売されていたソフトウェアを一新して、

図5-06 ポータル画面のデザイン改善

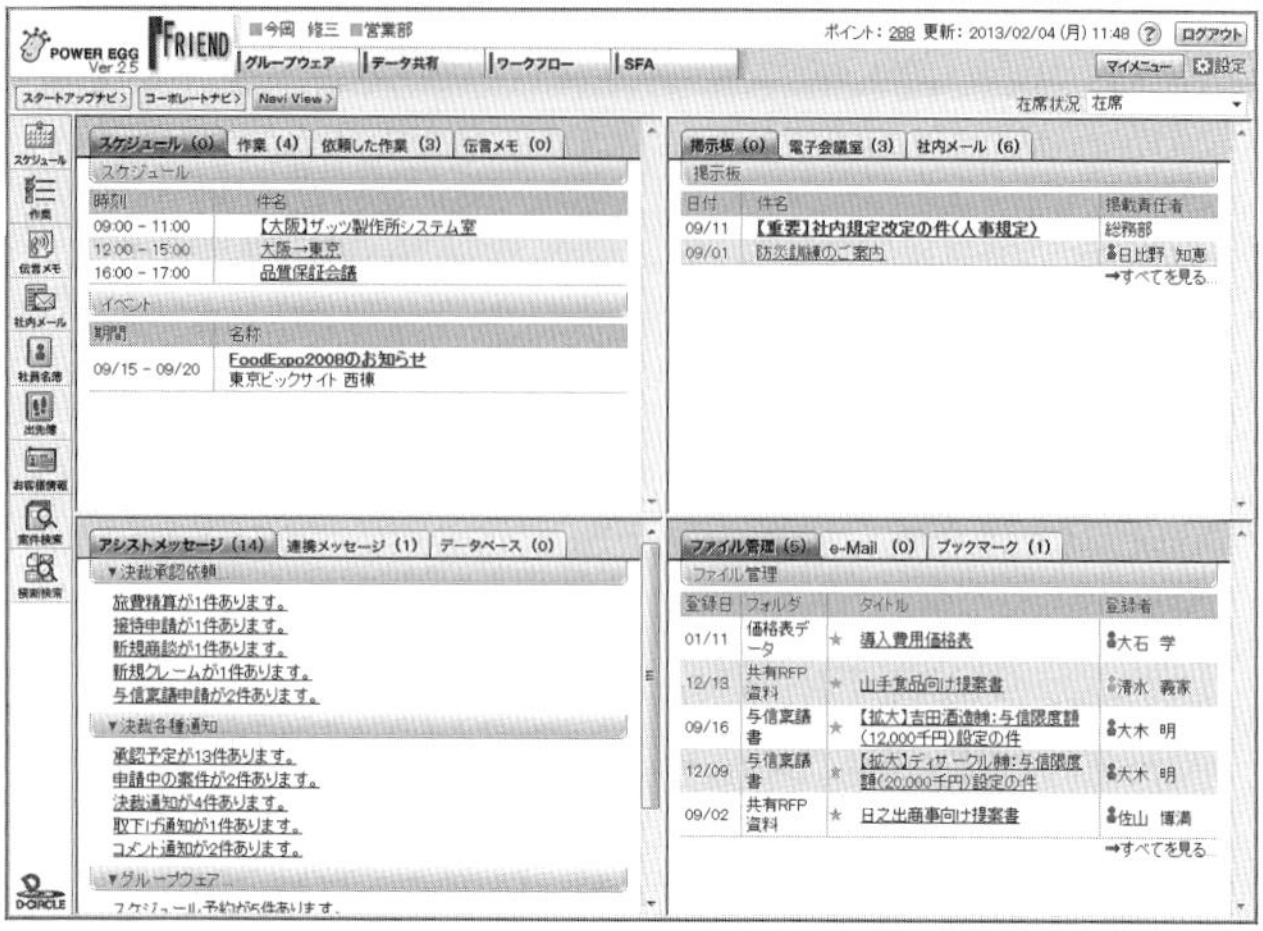

ユーザにとって、情報がわかりやすく配列され、複雑な操作なしにいつでも処理できるように改善を行っている。

新しいデザインでバージョンアップをしたいというものでした。そこで、心理学とデザインの研究者、ソフトウェアの制作をするプログラマー、そして画面デザインを担当するデザイナー、営業や企画の担当者という4つのセクションでのコラボレーションが始まったのです。

POWER EGGは、4つのパートに分かれた画面で情報が提供されるツールです【図5-06】。それぞれの画面にいくつもの機能が配置されていて、さらに画面の左や上部にも、たくさんのメニューがありました。一つの機能を実行するとき、機能によっては初期画面からも、メニューからも、また他の画面の機能からもたどり着くことができるという状態で、機能の整理もできていない部分がありました。

また、それぞれのメニューをクリックすると、さらにいくつもの画面が新しく表示され、場合によっては元の画面が隠れてしまうほどになります。情報提供のソフトウェアだけに、たくさんの情報が一度に出てくるのは仕方ない部分もあるのですが、それにしても情報が整理されていないのは問題でした。どうしても頭の中での処理の容量を超えてしまう。これには改善の余地がありました。また、見た目についても意見が出されました。使われている色のセンス、表示されている文字やメニューのレイアウト、一つ一つが「洗練されていない」と感じさせるものだったのです。

そこで研究者であるわれわれは、一つ一つの機能とその画面に歯に衣着せぬ意見を投げかけました。筆者も含めて、相当に「言いたい放題」でした。開発部門の技術者であるプログラマーも、これまでそうしてきた事情を説明します。こうしながら、お互いの間でそれぞれの情報を共有し、それぞれの知識の「理解者」になるところからデザイン・プロセスの「対象の把握」が進みます。

みんなでコンセプトを作り、思いを形にする

次第に情報が出揃ったところで、話をまとめる作業に入りました。今回のケースでは、筆者が全体の意見を集約し、さらに理論的な裏付けもつけて提案を行うことで、向かうべき方向を定めることにしました。大きなコンセプトは、第2章や第3章で説明した、わかりやすさと魅力を高めるための方法を、徹底してシステムに取り込むことでした。目標は4つ。第一に、情報の処理の容量を超えないように、情報量をコントロールする。第二に、ユーザの目的・意図に沿った機能が一発で出てくるよう、機能と操作は「1対1対応」にする。第三に、人間がソフトに対してイメージする「メンタルモデル」に合致するよう、多くの電子機器で使われるような表示のイメージを踏襲する。最後に、見ていて美しいと思えるように、デザイナーが存分に作り込むことです。

認知科学を専門とする筆者は、情報呈示のガイドラインを作りました。4つの画面で表示される情報は改めて整理し、一度に表示される情報の数や、操作するときの動線が徹底して管理され、ユーザのイメージに合うまとまりに再編されました。それまで、ソフトウエアの「機能上の関係」でまとめられていた情報は、会社の仕事上関連のあるまとまりに、

あるいは、携帯電話やウェブでよく使われている「個人の目的上の関係」に合うよう大胆に変更されました。また、画面には表示されていない「裏側に置いてある」情報は、それまでメニューを開くまで見えなかったのですが、画面上に付箋（タグ）がつけられ、いつでも探せるように見直されました。

デザインの専門家のアドバイスで、それまで詰め込まれていたレイアウトも見直されました。開発に携わる人たちは、ユーザがわかるようにと「親切に」、たくさんの情報を並べ、それぞれに目立つ色をつけていたのですが、それ自体がデザインとして「過剰」であることを研究者たちは主張しました。そこでそれぞれのまとまりに合わせておとなしい色をつけました。またレイアウトは整然と、余白の部分もたっぷりとりました。

この頃になると、研究者・開発・デザインなどのそれぞれの担当者も、お互いがどのような思想ややり方で仕事をしているか、隅々まで理解するようになります。そして、お互いの立場に配慮しながら仕事ができるようになりました。製作をしながらも「ここはこういうふうに言われるはずだから、こうプログラムを書いておこう」「ここはもっと贅沢にスペースを使おう」など。それぞれがデザイン・ディスコースの優秀な参加者になり、いちいち指示をするという関係から、お互いに対話する関係になったのです。

03 デザイナー・クリエイターの「学校」

1匹のアジから、クリエイションのレッスン

さて、このデザイン・プロセスの中心人物である、デザイナーという人たちは、どうやってデザイナーという存在になっていくのでしょうか。ここでは、デザイン教育の実際を見ながら、彼らの生い立ちと精神（スピリッツ）の理解を深めたいと思います。

筆者の勤める金沢美術工芸大学は、美術科とデザイン科、工芸科の3つからなる、学生700人程度の小さな大学です。この大学のデザイン科の学生は、2年生になると「ベーシックデザイン」という科目を履修します。別名「アジ課題」、しばらく前までは、後に第7代の学長になった平野拓夫が始めたこともあり「平野課題」と呼ばれ、デザイン・工芸の学生にとっての名物授業となっています【図5－07】。

アジ課題とは、1匹のアジから発想を広げ、ドローイングから始まり紙を使った立体構成、写真の切り抜き、石やボタン、ガラクタといった素材を使った構成など、ありとあら

図 5-07　金沢美術工芸大学の「アジ課題」

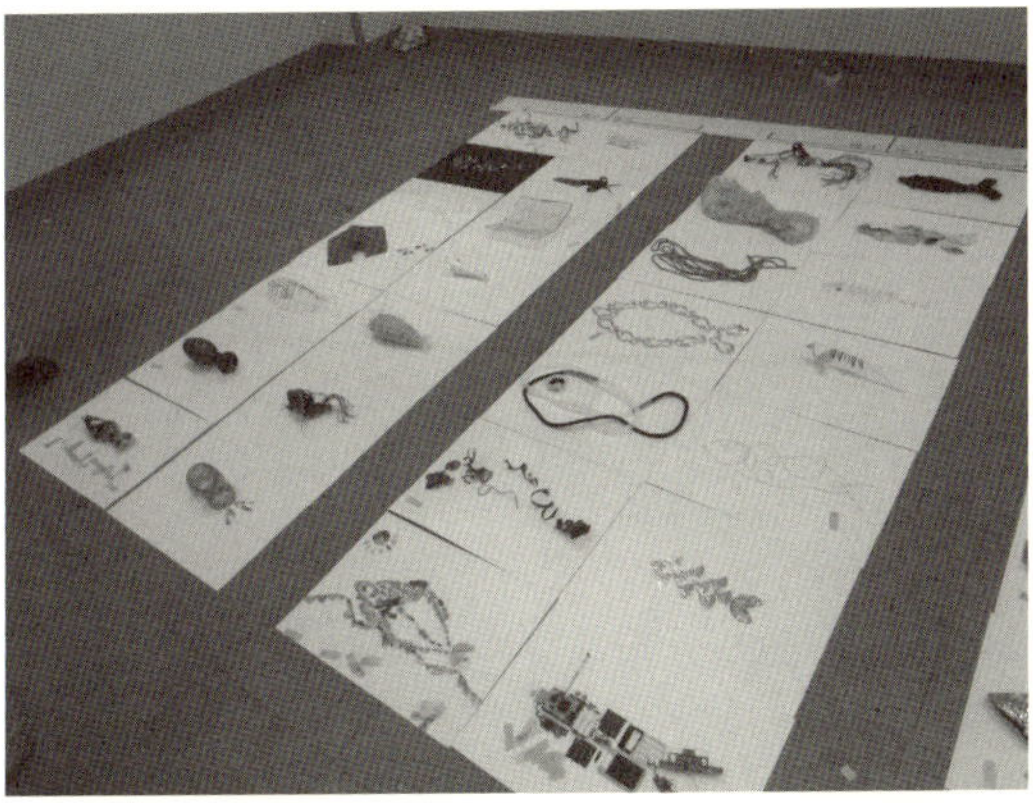

学生たちは１匹のアジからたくさんのイメージを膨らませ、何百ものアイデアを作る。

図 5-08 アジをさまざまな方向から見ながらドローイングしている学生

ゆるやり方でアイデアを広げながら魚の表現を行うものです。1回の発表で提出しなければならない点数も多いため[02]、学生は授業時間だけでは到底終わるはずもありません。そこで毎日徹夜に近い状態でこつこつと台紙の上に素材のパーツを貼り付けたり、複数の角度から作品を見つめたりとそれはそれはハードな課題でもあります。

ハードな課題スケジュールの中で、学生は一人ひとり自分の作業を進めます。とはいえ多くの学生は、みんな夜遅くまで同じ教室の中でめいめい制作を進めることが多いようです。お互いに会話を交わしながら、難題に立ち向かっていると、ハイテンションのちょっとした「お祭り状態」になるこ

[02] 多い年では、ドローイングは200の方向から、テクスチャーを使った構成は80パターンなど、1人で数百のサンプルを作る。

ともあるようで、それがまた経験として学生それぞれの記憶に刻み込まれていくことになります【図5－08】。

学生がこの課題で学ぶこと。数多くのアイデアを出すという作業がとてつもなく時間と体力を必要とするものであること、集中と発想の転換の双方を繰り返し行うものであること。「良い」アイデアというものが天からの啓示のように降ってくるものではなく、地道な思考の積み重ねから始まることなど。課題を通してモノづくりのための示唆に富んだ数多くの知恵を実感することになるのです。そしてウチの学生、学生を指導する教員、すなわち大学の文化全体の思想として、頭の中での思考や創造に閉ざすことなく、手を使って作り出し続ける中に成長と創造があるという「体に染みついた姿勢」が共有されていくようになるのです。本学の代表的なモットーに「手で考え、心で作る」というものがあるのですが、この言葉は彼らの文化の中に根ざした感覚であるように思われます。

このような課題は、金沢美大に限らずあちこちの学校で何かしらの形で行われています。デザイナーの卵にとって、あるいはここからプロになり、実際の現場に入るデザイナーにとって、数多くのデザイン案をこれでもかというほど描き重ねることは、そこから逃げ出すことのできないデザインという行為そのものであると理解されているのです。

明和電機「オタクギョタク」ができるまで

明和電機《めいわでんき》は電機関連企業の名前ではなく、土佐信道《とさのぶみち》を中心とするアーティストユニットの名前です。土佐は、１９９０年代中盤から、魚をモチーフとした造形作品「魚器《なき》シリーズ」を展開し、当時の現代アートに新風を巻き起こしました。明和電機は、中小企業をイメージしたブルーの作業服を着て、自らの作品を「製品」と呼び、作品の展示を「製品デモンストレーション」と呼んで、数々のマシーンを発表するという独自のスタイルを持っていて、ふっとプロダクト・デザイナーのような印象を感じさせるアーティストです。

彼の初期の作品に「オタクギョタク」があります【図5－09】。土佐の頭の中に思い浮かんだ１０００種類の空想の魚を描き出したドローイング作品で、彼がまだ大学院生時代にファミリーレストランの一角でひたすら描き続けたものです。１０００種類の魚といっても、メタリックで機械的な魚あり、もはや魚としての存在から超越しそうものがあったりと、極めてバリエーションに富んでいます。これを描いている間、彼は自分の中からアイデアを生み出すさまざまな思いがあったといいます。そして１０００種類のドローイングを達成したとき、ここからアートを作り出すことについて「一定の自信を持つことができた」

03 これらの内容は、2008 年に金沢美術工芸大学で行われた講義「現代創作論」での土佐の解説による。

図 5-09　オタクギョタクに描かれた数々の魚のドローイング

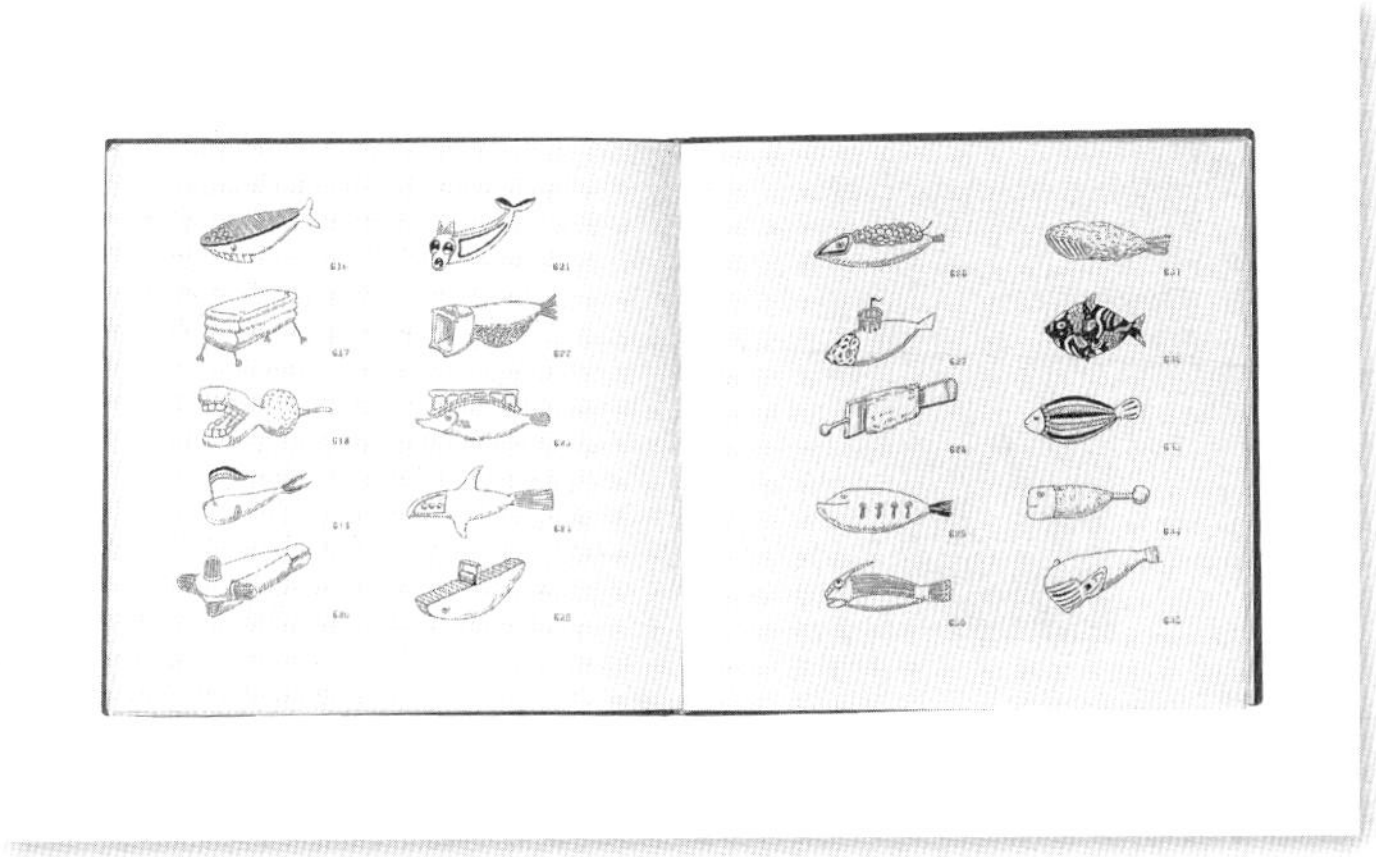

としています[03]。

金沢美大のアジ課題と明和電機のオタクギョタク。奇しくも同じ魚をモチーフとしたクリエイションになっています。さまざまなバリエーションを持ちながら、その形の基本が、胴体とヒレ、目と口、エラといった非常にシンプルな要素からできていることが、ベーシックな課題として向いているのかもしれません。

ブレイン・ストーミングの原理とインスピレーション

金沢美大のアジ課題と明和電機の土佐信道のクリエイションは、どちらもたくさんのアイデアを作り出し、その中から優れたものをセレクトしていくというプロセスでした。なぜあれほど多くのアイデアを作り出さなければならないのか、素人の私たちには、思いついたそばからボツにして、無駄を省いてもよさそうではないかと思えることがあります。しかし、やはりそうするにはそうするだけの理由はあるようです。

大竹（２００９）は、自身が教員として勤める東京造形大学における授業をまとめています。彼がデザインを学ぶ学生に提供するプログラム、そしてそれを受けて学生たちが自分たちで課す課題。どれもやはり数多くのデッサンを重ね、70枚、１００枚といったアイデアスケッチや作品を作り続けます。どの大学でも、スタンダードなデザイン課題というのは作り上げた作品の数、作品に込めた手数の量がモノを言うのです。

アイデアを産出していくことをアイデア・プロセッシングといいます。現場ではしばしば「アイデア出し」と呼ばれている活動です。これはデザインに限らず、研究や開発、意思決定や政策決定などありとあらゆる現場で行われているものです。アイデア・プロセッシングの方法として１９５０年代から使われている最もポピュラーなものが、オズボーン（Osborn, A. F.）によって提唱されたブレイン・ストーミング（ブレスト）と呼ばれる手法です。

ブレイン・ストーミングは複数の人間が集まって、集団で意見を出し合い、互いに発想

表5-01 ブレイン・ストーミングの原則

- ☑ ❶ アイデアの量を求める
- ☑ ❷ 他者のアイデアの批判を行わない
- ☑ ❸ 奔放なアイデアを歓迎する
- ☑ ❹ 他人のアイデアを修正・改善・結合させ、それを歓迎する

をぶつけ合いながらよりよいアイデアの産出を重ねていくという手法です。ブレイン・ストーミングを行うときには、【表5－01】のような4つの原則を守りながら進めることが必須とされます。

ブレイン・ストーミングの最もよく知られた原則は「批判を行わない」であり、たいていの解説にはこれが第一に出てきます。実際のアイデア産出の現場ではこれを守ることが一番重要だからだと思うのですが、最も基本となるのはアイデアの量を求めることです。❷～❹の原則は多くのアイデアを産出するためのルールだともいえるからです。オズボーンは、ブレイン・ストーミングの根底にある思想として、「良いアイデアが生み出される可能性は、出されたアイデアの全体の量に比例する」ことを挙げています。この思想から考えたとき、優れたアイデアや整ったアイデアだけでは新しい発想を生み出

す可能性は低下します。そのままでは使えないような奔放なアイデアや粗野なアイデアが、時としてこれまでの発想を覆すアイデアの種になる可能性を秘めていることもあるのです。

先ほど土佐が行ったアイデア・プロセスの中でも、「次第に魚からは程遠いものが生まれるようになってきた」と言っています。私たちは思考をするとき、たいていは思いつきやすいものから始めます。もうこれ以上思いつかない、それでももっと数がいるとなったそのとき、私たちはこれまで控えてきた粗雑なアイデア、受け入れられないのではないかというアイデアも出してくるようになります。「もう出てこない、と思った後に出てくる2つ3つ」にヒントが隠されていることも少なくないのです。

収束的思考と拡散的思考

作品や製品を作り出すアイデアを生み出すことは、心理学では創造的思考と呼ばれる認知活動です。そしてそれは一つの優れた答えを出す「絞り込む」活動というよりは、数多くのアイデアを創り出すという「拡がる」活動です。大学入試の試験問題を解いたり、企業の方針を決めたりする思考が収束的思考と呼ばれるのに対して、アイデアを産出するタイプの思考を拡散的思考と呼ぶのはこのためです。

図 5-10　９点課題

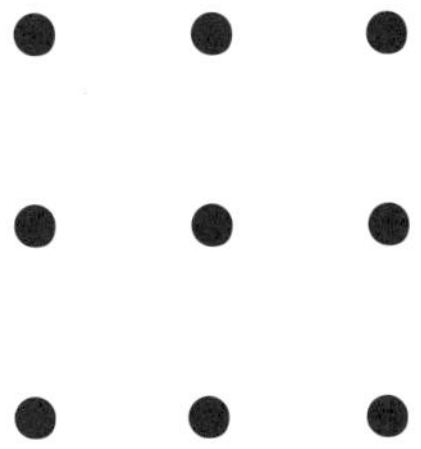

３行３列の等間隔に並んだ９個の点がある。これらの点を直線による一筆書きで、かつ曲がる回数は３回以内ですべての点を結ぶにはどうすればよいか。ただし、同じ点は何回通ってもよい。

拡散的思考は「正しい」という判断基準があまり重視されず、量や質が豊かであるということが優先されます。思考する世界の範囲も、狭い範囲で考えていては可能な選択が少なくなるため、できるだけ広い範囲で考えた方が可能性も高まります。この、考えることができる範囲を「問題空間」といいます。拡散的思考はこの問題空間が広く、空間を自由に動くことができる方が質量ともに豊かなアイデアを産出することができるのです。

しかし、人間の思考はこの広い空間を自由に移動することが往々にして困難です。【図5－10】は9点課題と呼ばれる思考課題ですが、解答【図5－11】にたどり着くことが非

図5-11 解答例

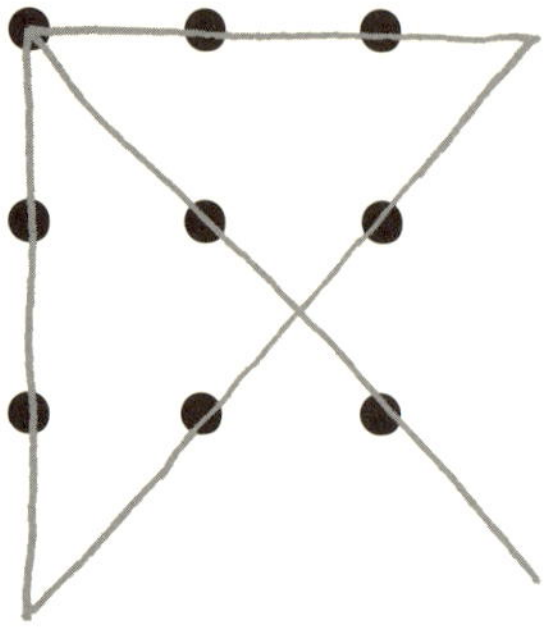

常に困難な課題です。正解するためには図の中の空間をより自由に移動して考えることが求められるのですが、人間は自分の中に作ってしまった「枠」の中から出ることができずに苦労します[04]。それもそのはず、空間が広くなるほど、自由に動き回るほど答えの候補の数は増えるので面倒です。だから自分で枠を決め、その枠の中で正解を探そうとするのです。第3章で説明した認知的経済性に従おうとする人間の「賢さ」がここでは裏目に出てしまう結果となるのです。

創造的発想のための活動

この枠から少しでも離れるために、デザ

[04] これを思考の機能的固着という。

イナーやアーティストは何をしているのでしょう。岡田ら（2007）は、アーティストの制作プロセスから、「ずらし」と呼ばれる認知的な活動がこれを支えていることを指摘しています。制作の専門家であるアーティストやデザイナーにしても、新しいアイデアがいきなり「空から降ってくる」ようなことはあまりありません。慣れた思考や活動を繰り返す中で、今までと似ていながら少しだけ「ズレた」視点や活動を試したり取り込んだりする。このずらしから、全体が大きくシフトする変化が、すなわち優れて創発的な変化がしばしば発生するのだと岡田は指摘しています。また、「ずらし」は、ベースとなる事例から少しだけ「変化させる」ことであり、まったく違う視点に立つことではありません。まったく異なる視点に立つとしたら、問題空間のすべてを移動して考えることになり、先に説明した認知的経済性は低くなります。ずらすことで、今までとは少し違い、なおかつある程度制限された範囲でしか動かないということになり、考えるコストは比較的小さいままで今まで以上に豊かな発想を期待することができるのです。

この「ずらし」の中には、さまざまなプロセスが含まれています。永井ら（2009）は、いくつかの概念の類似性と差異に気づき、概念を統合する活動に着目しています。永井らは、田浦ら（Taura et al., 2005）の研究を例にしました。田浦らは刃を折り取って使用するカッターナイフが生まれた発想について、ガラスの破片や板チョコレートからヒントを得て、これらの類似・相違に気づき、これらの概念を結合することによって新たな創造が生み出されたと指摘しています。ここにある異なる2つの概念は、これまでにない創発的なアイデアを生み出すための土台となっているのです。

また、創造的活動には、個人内の活動ではなく、複数の個人による協同的なやりとりが効果的であるという指摘もたくさんあります。それぞれの個人が出したアイデアは、一人の中で生み出すアイデアより、ずっと多様で異なっていることが多いと思います。それぞれのアイデアの類似性や差異を考え、それぞれのアイデアを統合する中で、これまで考えたことのなかった新たなアイデアに行き着くことも少なくありません。ベルガンティが言う、デザイン・ディスコースの中での「解釈と対話」が、豊かな結果を導くという考え方の典型が、ここにはあります。

第6章

魅力・感動デザインの光と影

ここまで、さまざまなかたちでデザインされた人工物の世界を紹介してきました。しかし世界の「デザイン化」は、時としていろいろな問題をはらんでいます。私たちが買い求めているのは、その人工物なのか、それとも人工物がまとっている情報なのか。キラキラした謳い文句に踊らされないためにも、もう一度デザインとは何かを考え直しましょう。

01

デザインに忍び寄る危機

デザインに席巻される「現実世界」と情報化社会

ここまで、人工物とそのデザイン、そしてそこに存在する心の働きについてお話ししてきました。序章で述べたように、私たちが目の前にしている世界のほとんどは、何かしら人間の手が加えられています。人間は、常に人工物を作り出す唯一の生物であり、人工物の使用が他の生物とは顕著に違う特徴でもあります。何よりも、世界をデザインすることにたけた生物なのです。それだけではなく、私たちが何かを見るとき、スキーマ【第3章】やナラティブ【第4章】といった数多くの認知的プロセスを経て理解をしています。したがって、私たちが世界を見るとき、私たち自身もさらに世界に対して、独自の加工をしながら見ていることになるのです。見る・知覚するという働き自体が、対象をそのままに見ているのではなく、デザインされた現実を見ているのです。

養老孟司（1989）はその著書『唯脳論』で、人間が認識する世界はすべて脳の機能の働きに対応して構築されると指摘しました。確かに、人間を認識の主体としておくならば[01]、人間は自分の世界を自ら創り出したもので覆っていくことになります。さまざまな人工物はその結果として現れる成果物です。私たちは、「自らによってデザイン化された現実（Designed-Reality）」の中にいるといえるでしょう。

そして現在、人間は存在しない世界まで現実空間として作り出すことができるようになりました。ヴァーチャル・リアリティ（仮想現実）といわれる世界です。テレビでは、お茶の間に居ながらにして戦場のすさまじさを擬似的に体験することができます。銀行に行かなくてもネット上から振込も支払いもできます。ゲームの中ではありますが、現実には存在しない異性と交際を続けるという恋愛すら存在するようになりました。これらはすべて、われわれの現実が、人の手によってデザインされた空間の中にあることを意味しています。

デザインによって作られるのは、「意味」であり、もう少し高次（メタレベル）の概念に置き換えるならば情報です。人工物であれ、自然であれ、色や形、意味といった情報に置き換えることはすべてにおいて可能ですから、デザインされた世界は情報の世界であり、私たちは大量の情報の中に囲まれているということもできるのです。

[01] 彼が提案するのは，あくまで人間の認識の上での還元論である。

このようにして、私たちの暮らす世界は、すさまじいまでにデザイン化されていきます。デザインの黄金時代といってもいいし、世界がデザインの下に従っているといってもいい。適用される対象の範囲からすれば、経済よりも普遍的で強力な影響力を持つのかもしれません。

それならば、これからも光り輝くデザインの時代が続くのか？　どこかに弱点や見落としといったものはないのか？　本章では、現代のデザインが抱える矛盾や問題、限界といったものについて、少し考えてみたいと思います。

われわれは「未来」を思い描けない？

スティーブ・ジョブズといえば、今や伝説化したカリスマといってよいでしょう。米アップル社を立ち上げ、それまでのコンピュータの概念を変えたマッキントッシュを世に送り出し、一躍世界の中心に躍り出ました。その個性から一度は会社を追われたものの、再び復帰した後はｉＭａｃ、ｉＰｏｄ、ｉＰｈｏｎｅといった商品でアップルの黄金期を再興した人物。そんなイメージが強いと思います。

常に、誰も考えつかなかったものを提供するのが、ジョブズ率いたアップルのスタイルです。彼についてはさまざまな名言があります。その中でも筆者の印象に残るものの中に、「多くの人にとって、私たちが形にして見せるまでは、自分にとって欲しいものは何かわからない」「消費者に、何が欲しいかを聞いてそれを与えるだけではいけない。完成する頃には、彼らは新しいものを欲しがるだろう」があります。アップルが新しい製品をリリースするとき、「アップルは○○を再発明（reinvent）しました」というフレーズをしばしば使います。ジョブズにしてみれば、アップルの製品は消費者のニーズから生まれたものではありません。確かに、私たちが求める新製品への願いは、もう少し小さくなってほしいとか、他の製品が持っている機能をこの製品にも備えてほしいとか、あるいは自分が好きな色を出してほしいとか、どこにもない「新しさ」を思いつくこともそれほどないのかもしれません。きっと、ジョブズが私に「どうして欲しいの？」と聞いてくれたところで、何か意義の深い答えを返すことはできないように思います【図6－01】。

世界を塗り替えたモノ。アップル、アレッシィ、iモード。衝撃的な未来を作ってきたデザインは、振り返ってみれば必ずしも「顧客のニーズ」から生まれたものではないことがわかります。彼らがやっていることは、私たちが思い描くことのできない「未来」を、私たちの目の前に「現実」として指し示してくれることなのです。イタリアで独創的な照

図 6-01 筆者の手元にあるアップル製品

他のプロダクトと違って、なぜかこれだけは使えなくなっても持ちたいと思って、結局小さな博物館のようになってしまったところがある。

明器具を世に送り出し続けるアルテミデ（Artemide）のエルネスト・ジスモンディ（Ernesto Gismondi）は言います。アルテミデの製品は市場ニーズを聞きそれに合わせて作ったものではなく、「人々に新たな世界を提案している」のだと（ベルガンティ、２０１２）。私たちのほとんどは、彼らの提案なしには、本当に欲しいものすらわかっていないのかもしれません。

「人間中心デザイン」の呪縛

それでも、私たちは日々自分にとって、便利で、豊かで、満足のいく暮らしを求め、新しい製品を欲します。私たちは、自らの幸せのために最大の努力をたゆみなく続けているようです。ノーマンが1988年に『誰のためのデザイン？』を書いたときに彼が主張したのは、デザインはモノ自身のためでもなく、もちろんデザイナーのためでもなく、使い手のためにデザインされるべきであるという人間中心デザインの重要性でした。もっと時代を遡れば、1960年代からラルフ・ネーダー（Ralph Nader）[02]を中心とする消費者運動が盛んになったのも、人間中心のモノづくりへの強い力が働くようになり、「消費者主権」と呼ばれる考え方が、新たな常識として受け入れられるようになったからです。人間中心（Human-Centered）のあり方は、モノづくりに限らず、医療・環境・政治など、発展した社会にとって欠くことのできないものとなっているのです。

消費者主権と人間中心デザイン。21世紀の産業において、これをないがしろにすることは十分なサービスの提供という意味でも不可能です。企業は商品開発とかマーケティングという名前のもと、消費者から意見を聞き、より良い物へのデザインの構想をしていくことになります。

先に指摘したようにデザインはデザイナーだけのものではありません。デザイン・ディスコースの中で多くの関係者との対話を経て、改善と洗練を繰り返したものがわれわれの

[02] アメリカの弁護士・社会運動家。自動車の安全性など、消費者の側に立った運動を展開した。

手に送り出されているのです。多くの人にとって人工物をできる限り受け入れやすいものにすること、できる限り使いやすいものにすること。このようなものに仕上げていく行為を「最適化」ということができるでしょう。

実際の問題として、商品開発には大きなコストがかかります。送り出す側からすれば、失敗はできるだけ避けたい。売れないモノでも困るし、たとえ売れても不良や事故ばかりが多発しても問題。もしデザインの時点でこれを極力排することができるなら、可能な限り配慮しておきたいと思うのが人情というものです。製品に「角」があれば、あらかじめ丸くしておいていざというときの事故に備えておく。取り扱いのエラーが多いとしたら、見えるところに表示やガイドをつけておく。他社の製品で人気のある機能・配慮がされているなら、こちらでも備えないというわけにはいかない、等々。最適化という目標によって、数々の条件が整えられていきます。

しかし、こうしていくことによって、多くの人工物は共通点が増え、かなりの割合で次第に似通ったものになっていきます。この流れには大きな欠点があります。どうしても示差性が小さくなっていくのです。第3章であれほど注意を引きつける要素としての示差性を叫んだのに、人間中心のデザインを周到に準備すると、どれも似たようなものになりやすいというジレンマをここで抱え込んでしまいます。人間中心というスローガンのもとに、デザイン自体の自由度が著しく制約されていくことは、手放しで喜べない現実です。

使い捨てられるデザイン

【図6-02】は、筆者が勤める金沢美大で、夏に開かれるオープンキャンパスにおいて配ったノベルティ[03]のバッグです。2011年に初めて試みたこの企画は大変好評で、布製で落ち着いたデザインのバッグは受験生だけでなく、スタッフとして頑張ってくれた学生も残りを争って取り合うほどのものでした。

そんな素晴らしいバッグも皆さんの手に渡るのは1年限り、翌年にはまた別のデザインのバッグを配ることになりました。ありがたいことに2012年も魅力的なデザインになり、受験生の評判は上々、翌年にもまた期待がかかります。

筆者のように、デザインの研究をしてはいるもののデザイナーではない立場からすると、翌年もまた同じようにヒットするバッグが出るのだろうか、出たとして世の中に数限りなく送り出されるノベルティのバッグとかち合ったりしないものかといらぬ心配をしてしまいます。そう、世の中には素晴らしいデザインのものは限りなくあるのに、それらのかな

03 企業や団体が、商品や団体自身の宣伝を目的とし、それらの名称を入れて無料配布する記念品。

りは次から次へと「使い捨てられる」デザインなのです。

デザインの使い捨て、それはさまざまな理由から起こります。一番の理由は、そのデザインを身にまとって生まれた人工物に、消費者が魅力を感じなかったときです。それはデザイン自体に魅力がないからかもしれませんし、機能や価格に魅力がなかったからかもしれません。いずれにせよ、再び日の目を見ることがないデザインです。これについては、魅力がない以上致し方ないのかもしれません。しかし、問題はそれだけではありません。新奇性【第2章】を求める私たち人間は、たとえ良いデザインであっても次第に飽和が起こりやすいものです。このために、定期的に違うデザインに変えていくこともあります。いわゆるモデルチェンジです。車のように中身がほとんど変わらなくても、見た目のデザインだけを変更するマイナーチェンジというものすらあります。

示差性がどんどん小さくなるマーケティング。価格競争で勝負ならコモディティ化は避けられず、サービスで勝負しようとすれば人件費との兼ね合いから限界が見えてくる。その中で、「最後に残る自由度の高い戦略」はデザインによる見た目とイメージの改変なのです。デザインならまだまだ違いが絞り出せると、企業は「最後の砦《とりで》」としてのデザイン・ドリブン・イノベーションに賭けます。

図 6-02 金沢美大オープンキャンパスのノベルティ・バッグ

数百人の来場者のためにも、丁寧にデザインされたバッグが毎年「それだけのために」作られていく。そして、どんなに素敵でも次の年に手に入れることはできなくなる。

それでもなお、おびただしい数のデザインが、たとえ優れていても次々と使い捨てられていく。これはデザインにとっても、企業にとっても、私たち消費者にとっても不幸な結末のように思うのです。

02 情報過多のデザインがもたらす混乱

情報さえあればデザインは変わる

モノの中には、技術や品質という価値ではあまり差のつかないものがあります。また、価格による競争すらほとんど差がつかないものもあります。昔から作られ、製造方法や技術に大きな変化のないもの。いわゆる「枯れた技術」のモノづくりにはしばしば見られます。

たとえば、ハサミを考えてみましょう。ハサミはその材質や大きさ、使用方法といったものに大きな違いがありません。現代の技術では、数百円の普及価格帯のものであれ素晴らしくよく切れます。このため、どれを買ったとしても大きな当たり外れはありません。世の中の人はおそらく、身の回りのハサミがどこのブランドであるかも気づかないことが多いでしょう。ハサミという人工物は、およそ究極に近い領域に達しつつあるのです。アイロン、子ども向けのチョコレート、ちょっと家や近所を出歩くためのサンダル。どれも同じような位置づけにあります。そもそも極端に高価なものである理由はなく、驚くべきテクノロジーもありません。

こういうとき、私たちは価格以外に検討する必要がほとんど見つからなくなります。そして価格すらも競争によって差がつかないとしたら、どれでもいいことになってしまいます。しかし、こういうときにもデザインは、付加価値の余地として残ります。その典型が、ドラえもんやハローキティといった子どもの好きなキャラクターを、チョコレートやサンダルにプリントするという「工夫」です。その反対に、装飾や華美な表現を極端に排すことで、シンプルな美感を表現することもあります。「大人向け」のデザインです。

このようにして、私たちの身の回りにある人工物は、なんらかの形でデザインがされていくことになります。前にデザインは人工物に「意味」という情報を付与する活動だと説明しましたから、使い捨てのモノにまで大量の意味が投資されると言い換えることもできます。その情報の量は莫大です。物質と違って、情報は量の多い、少ないによって何か不都合が生まれにくいものですし、資源の枯渇も物質に比べればはるかに心配がない。このエコの時代に情報だけは浪費されても、誰も文句を言わないのです。

強烈な「広告・物語主導価値」

人をものすごい力で動かす「情報」。その最たるものは広告かもしれません。

１９８２年、西武百貨店はイメージＣＭに喜劇俳優ウディ・アレンを起用しました。コピーライター糸井重里による名コピー「おいしい生活。」は時の流行語になり、その後のバブル景気での高度な消費生活を予感させる大ヒットとなりました。

筆者はこのムーブメントを体感した世代よりもう少し若い世代ですが、彼が作り出した新しい価値の意識はそれなりに伝わってきました。「その仕事おいしい」とか、「おいしいポジション持っていったなあ」とか、本来「おいしい」という語が持っていた意味から、生活やモノ全般にわたる広範囲に適用可能になる言葉に変化していったことは確かでした。

現代の消費生活は広告と切り離すことができません。新しい製品が出たことは、広告や新製品販売のプレスリリースがなければなかなか知ることもできません。いわゆる広告に見えない、テレビドラマ、雑誌の記事なども、よくよく裏を返せばきちんと提供や協力に企業の名前がクレジットされています。テレビ・ネット・雑誌・チラシ。あらゆる情報メディアから、私たちはシャワーのように人工物の存在を浴びせかけられるのです。

広告。単に商品の名前や品質を伝える媒体から、商品の「イメージ」を伝える媒体へ。現代の広告は存在意義や価値といったものを確実に変化させています。特に、最近は第4章でふれたような「ナラティブ」の要素がよりウエートを占めているように見えます。

ネットやテレビでの販売チャンネルでは、「口コミ」のスタイルに加工された情報が目につくようになりました。ネットでは実際に使っているユーザの声が反映されるコンテンツがたくさんあります。テレビの通販広告でも中心となるのは「使用者の声」です。通販広告の場合はその背後にきちんとしたシナリオがあり、本来の口コミとは程遠いもののようです。しかし「誰かが体験した世界」の物語としてそれが意味づけられる限り、その価値は非常に高いものとして認知されます。

これに対してネットの口コミは、本来の意味での口コミも多く、ポジティブな情報もネガティブな情報も合わせて見ることができます。ただし、あるユーザのネガティブな口コミは、必ずしもすべての人にとってネガティブな意味を持つとは限りません。それは故障しやすいけれど魅力的なクルマや、高い上に格式ばっているけれど伝統あるレストランなど、ある人にとってはネガティブな情報でも、そういうものを好んで求める人もまたいたりするからです。その意味では、口コミがたくさん寄せられることは、単純接触効果のチャンスを引き上げ、広告として十分に機能することでもあるのです。そして数多くの口コミがあるということは、数多くの人が紡いだナラティブを存分に味わえることでもあります。体験談がたくさんある。それだけでも十分な娯楽としての価値がある。その面白さに引きずられて、ついつい魅力を喚起される。情報としての力は絶大です。かくして世界は広告媒体としての情報に埋め尽くされていくのです。

情報の氾濫がもたらすもの

確かに情報の量は理論的に無限大です[04]。しかし情報の浪費・氾濫は、いくつかの問題をはらむと指摘することができます。

第一に、すべてのアイデアが魅力的であり、優れたものとは限りません。人間にとって魅力や好意を引きつけるものはどうしても一定のものに限られてしまいます。ここに「定番」と呼ばれるタイプの特徴を持つ価値が現れるようになります。最近の言い方をすれば「ベタなもの」でもいいかもしれません。これら定番の情報がわれわれの前に現れ、飽きるまで消費され、飽きたら別の定番が提供されます。そしてそれらがひととおり出尽くしたら、また「古い定番」がリバイバルされ、同じように消費されるというサイクルを繰り

[04] 情報科学の理論では、情報量（エントロピー）は無限大の値をとることができる。

返すようになります。ファッションや流行といったタイプのコンテンツは、たいていこのタイプに属します。

第二に、情報と実質との乖離です。第4章でふれたように、同一の内容であっても言葉の違いによって意味はまったく異なるように、情報は「なまの現実」にさまざまな意味を加えていきます。コーラやジュースのような清涼飲料水一つをとっても、パッケージ、広告など、情報の付加によって印象は操作されます。身の回りで目にする口コミやスーパーでの陳列位置ですら、なんらかの意味をわれわれに投げかけます。こうして、情報が積み重なれば重なるほど実質が持っていた「意味」は情報によって操作され、相対的に「実質が持つ情報量」の割合は小さくなっていきます。

ならば、情報に振り回されないようにすればいいではないか?という意見もあるかと思います。もちろんこれは正しい指摘で、そうなればいいのですが、現実はそう簡単ではありません。クレイク（Craik, F.）は自分の情報獲得が不足であると感じる人ほど、より自分の外にある環境が持つ情報に対して積極的に行動するという人間の性質を指摘しています。

だから、情報で振り回すのは簡単なのです。少しでも「不安」にすれば、誰でも情報の獲得行動を増やそうとするのですから。最近では「情報リテラシー」という言葉もずいぶん市民権を得て、誤った情報や扇動的な情報に振り回されないようにとさまざまなアドバイスがされてもいますが、そもそもリテラシーが向上するということは、自分自身の中に「正しい知識」というものがたくさんなければならないので、そうそうアドバイスと姿勢だけでどうにかなるものでもないのです。

【表6－01】は、高度成長期に日本の広告代理店が掲げたとされる「広告戦略十訓」と呼ばれるものです。消費者の購買意欲を高めるため、広告が人間のどのような感情や認知に訴えかければよいかということをよく表したものとしてしばしば示されます。

表 6-01　広告戦略十訓

- ☑ 1. もっと使用させろ
- ☑ 2. 捨てさせろ
- ☑ 3. 無駄遣いさせろ
- ☑ 4. 季節を忘れさせろ
- ☑ 5. 贈り物をさせろ
- ☑ 6. コンビナート（組合せ）で使わせろ
- ☑ 7. きっかけを投じろ
- ☑ 8. 流行遅れにさせろ
- ☑ 9. 気安く買わせろ
- ☑ 10. 混乱をつくりだせ

03

デザイナーの手に余るモノづくり

制約ベースのデザイン

そもそも、本書はモノが与える魅力の大きさを伝え、デザイナーをはじめデザインにかかわる人々の力の大きさを紹介する本なのですが、ここへ来てデザインを取り巻く問題を指摘し始めると、一体デザインの主は何をしているのかと思われる方も出てきたと思います。デザインの現場にいる人々がきちんとしていれば、こういうことは起こらないのではないか。デザインの何かが問題になるなら、いっそのこと、法律か何かで規制でもしろ！　くらいの意見が出てきそうです。いや、現代は確かにそういう時代なのかもしれません。

しかしまあ待ってください。やはり問題はそうすっきりはしないものです。なぜか？　それはデザインの罪を誰かに問おうにも、誰が犯人かはっきりしないのですから。

デザインによってモノとそれを取り巻く世界が作られるとき、それに関わる「関係者」はかなりの数に上ることは、デザイン・ディスコースの説明の際にしました。そして、ディスコースの中にいる関係者は、すべてが人工物に対する「部分的な」専門家です。したがって、人工物は彼ら（それはユーザも含めて）の知の集大成です。このためデザインにまつわるさまざまな問題は、複数の関係者が複雑に絡み合った結果生まれるもので、どこに位置づけてよいものかも定まりません。

また、人工物を作り出すこと、そしてその現場はさまざまな事情によって制約を受けます。技術の制約、ユーザーのニーズによる制約、法や規則の制約などその数は少なくはありません。この制約によって情報の量は増えます[05]。

デザインはデザイナーやその他デザイン・ディスコースにいる人々の創造的な行為のように見えます。しかし、実際のデザイン・プロセスというのは、これらを取り巻くさまざまな制約にふれないように、うまいこと「落とし所をつける」行為といってもいいのです。だから実のところ、デザインをしているのはデザイナーというより、デザイナーを取り巻く「制約」なのではないかとすら思えます。

デザインの主体がデザイナーにあるとは限らない。これはデザインという言葉のイメージと大きくかけ離れます。デザインという言葉を聞いたときの私たちのメンタルモデルと異なると言い換えてもいいでしょう。モノづくりの現場でのデザインが、単なる形にとど

[05] ただし厳密にいえば、この制約のおかげで、情報はある程度限定され、無限に増大し続けることからも免れる。

まらないことはある意味みんながわかっていることではありません。しかし「デザイン」と耳にすると、まずはやはり形や色から思いついてしまう。この溝がどこまでも深く残るのです。

デザイナー≠アーティスト

この本で再三訴えてきたこと。デザインは広く豊かな意味を持った概念で、単にモノの見た目や美しさのことではないということです。しかし現実として、デザインとアート（芸術）は多くの人にとって似通っているかほぼ同一とみなされているところがあります。この誤解が、多くの人を、あるいは当のデザイナーや芸術家でさえ巻き込んでいることは確かです。

むしろ、誤解を生むのが当たり前なのかもしれません。生まれてから大人になるまでの間、多くの人にとってデザインという言葉に正式にふれる最初のきっかけは、中学校の美術の授業です。学校教育の中で、デザインという概念は美術の中にあるのです。デザイン＝美しいものを作るというイメージが刷り込まれるのも無理はありません。また、多くのデザイナーが美大や大学の美術系学部出身だったりもします。そうでなくとも、私たちが

「素敵なデザインね」と口にするとしたら、やはりそれは目から入ってきた情報に対して、美的感覚を伴ったかたちで評していることに他なりません。機能や構造、人間との関係の「デザイン」といった概念を織り込んでいくのは難しいのです。

これらの事情から、デザインは常に美的なものとしてその焦点を絞られがちです。現代のデザインが情報化の一途をたどり、実質的な価値とは違ったところで付加価値をつけようと努力する中で、最も端的な価値とみなされる美的なものが重視されるようになり、デザイナーがアーティストとしての役割を果たすということにウエートが置かれるようになってきます。

デザイン・ディスコースの中では対話が重要になると指摘しました。しかし現実は、デザイナーは「美しさ・芸術性」に軸足を置き、技術者は最新のテクノロジーを詰め込む夢を追います。われわれ心理学者は、そんな中で使いやすさやわかりやすさを保つことに腐心します。ディスコースの中で対話が進むどころか、それぞれが自分たちの陣地に引きこもりがちになる、あるいはディスコース上のどこかだけが突出する。結果として、人工物のどこかで問題が発生したりほころびが出たりする。それは、広い意味での人工物のデザインにおける不幸だといえるのです。

もちろん、この責任はいわゆるデザイナーにあるわけではありません。技術者やマーケティングその他さまざまな立場の齟齬《そご》が原因です。技術者もデザイナーも自分の仕事に職人的なプライドを持ち、自らの仕事を最高の表現活動だと信じていることが、対等な対話を阻むこともあります。つまり、デザイン・ディスコース上のすべての関係者が自身の「アーティスト的な腕とプライド」を信じて離れようとしないところに、これらの問題の根っこがあるように思います。素晴らしいデザインは芸術的な価値を持ちますが、芸術家肌の作り手たちによる仕事が常に素晴らしいデザインを生み出すとは限らないのです。

芸術からも技術からも離れるデザイン

デザインを行うとき、さまざまな制約によってデザインの可能性が制限されることは先に述べました。デザインをより良くするさまざまな工夫が、結果として制約になってしまい、新しい可能性を狭めてしまうのは皮肉なことです。

【表6－02】は日本を代表するデザイン賞である、日本産業デザイン振興会のグッドデザイン賞の評価基準（２００７年度）です。[06] デザインに備えられるべき美しさや機能性といった基本要素から、デザインの先進性・発展性に至るまでたくさんの評価基準が用意され

[06] 評価基準は時代によって少しずつ変わっている。現在公開されている「審査の視点（2012年度）」は、2007年度の「評価基準」と若干異なるが、ここでは2007年度のものを紹介する。

表 6-02 グッドデザイン賞の評価基準（2007 年度）

1 良いデザインであるか
（グッドデザイン商品、建築・環境等に求められる基本要素）

美しさがある	安全への配慮がなされている
誠実である	使用環境への配慮が行き届いている
独創的である	生活者のニーズに答えている
機能・性能がよい	価値に見合う価格である
使いやすさ・親切さがある	魅力が感じられる

2 優れたデザインであるか
（商品、建築・環境等の特に優れた点を明らかにするポイント）

デザインコンセプトが優れている	システム化による解決を提案している
デザインのプロセス、マネージメントが優れている	高い技能を活用している
斬新な造形表現がなされている	新しいものづくりを提案している
デザインの総合的な完成度に優れている	新しい売り方、提供の仕方を実現している
ユーザーのかかえている問題を高い次元で解決している	地域の産業の発展を導いている
「ユニバーサルデザイン」を実践している	人と人との新しいコミュニケーションを提案している
新しい作法、マナーを提案している	長く使えるデザインがなされている
多機能・高機能をわかりやすく伝えている	「エコロジーデザイン」を実践している
使いはじめてからの維持、改良、発展に配慮している	調和のとれた景観を提案している
新技術・新素材をたくみに利用している	

3 未来を拓くデザインであるか
（デザインが生活・産業・社会の未来に向けて積極的に取り組んでいることを評価するポイント）

時代をリードする表現が発見されている	技術の人間化を導いている
次世代のグローバルスタンダードを誘発している	新産業、新ビジネスの創出に貢献している
日本的アイデンティティの形成を導いている	社会・文化的な価値を誘発している
生活者の創造性を誘発している	社会基盤の拡充に貢献している
次世代のライフスタイルを創造している	持続可能な社会の実現に貢献している
新しい技術を誘発している	

ています。

確かに、これらが満たされたデザインというのは私たちにとって優れたものになるでしょう。とはいえ、これらの条件を満たした「優等生」が、デザインとして個性的であるかどうかはまた別の話ですし、またこれまでの章で述べてきた示差性という点は小さくなるかもしれませんし、製品と人との間にそれぞれの物語を豊かに創り出すかどうかについてはまったくの未知数ということになります。制約が、デザインを必ずしも幸福な方向にだけ導くとは限らないのです。

おそらく、デザインの制約になる最大の項目は「経済的事情」なのかもしれません。21世紀に入って、日本のモノについて回る最大の制約。コストは抑えられているか、販売実績を最大にすることができるか、不良や事故で無駄な支出を生んでしまうおそれはないか、などです。デザインは、企業の論理と消費者の論理という制約の真ん中に挟まれて、おいそれと気軽に未来を語ったりすることができなくなったのかもしれません。

自由度を失うこと、これはデザインにとっての大きな痛手でもありますし、同時にモノとして逃れられない宿命でもあります。このバランスの中に現代のデザインの苦しみはあります。

第7章

実践から理論へ

デザインには、実践と成果はあるが、内側を貫く理論に乏しいといわれることがあります。デザイン研究のほとんどは工学や心理学などの研究者のものであり、当のデザイナー自身はほとんど研究にふれることがないというのも事実のようです。果たして「真のデザイン学」は可能なのか。最後は、デザイン理論の未来への指針について、できる限り「バラ色」な未来が想像・創造できるような論考を行います。

01

「学問」としてのデザイン学

デザイン学は何をするのか

私たちが普段接している人工物とデザイン。これを学問という視点から考えていくこと。たいていの人々にとっては、縁のない世界だと感じることでしょうし、それが一体何の役に立つのかと最初から避けて通るかもしれません。

学問という立場からデザインを考えるとき、その研究の第一となる興味は役に立つ何かを探すことではなく、「デザインという世界がどういうものなのか、明らかにできるものは隅々まで明らかにする」ことです。それはお気に入りのアーティストのアルバムを一枚たりとも欠けないように手元に置くとか、塗り絵でほんの小さな隙間も残さないように丁寧に色を埋めていくことのように、それ自体は何かの役に立つといった意味をそれほど持ちませんが、何かを達成するとか完成するといった人間の根源的な欲求から発生するものです。[01]

[01] 心理学では達成動機といったりする。

当たり前のことですが、芸術であれスポーツであれ、あらゆる活動をするときにその対象をよく知ることは、活動をより良くする基本になります。学問はその対象をくまなくわかるようにするための絶えることのない活動です。

アカデミズムと日常の橋渡し

時として、学問でわかったことは実際の活動に役立つことがあります。このとき、学問と日常生活は初めてその接点を持つことになります。デザインについての研究・学問、それは日常世界に住む私たちと、学問の世界との橋渡しであり、可能ならばそこから役に立つ情報を引き出せるようになるのです。

残念なことに人間は「役立つことだけ」を見つけ出すということはできません。役に立ちそうにもないことも含めて、隙間なく膨大な知識を積み重ねる中で、たまに役立つものに出会うくらいです。これは第5章のアイデア産出（アイデア・プロセッシング）のときにも似たようなことがありましたね。良いアイデアは、生み出されたアイデアの総量に比例するというオズボーンの考え方。これと同じことなのです。だから、デザイン学は、デザインに関するあらゆる知見を蓄積することはできますが、すべてが私たちにとって役に立つものとは限らないのです。

とはいえ、役に立つ、立たないにかかわらず、橋は常に架けられていなければ、アカデミズムの世界と日常を自由に行ったり来たりすることはできません。そのためにも絶えず新たな発見をし、これまでの知見を積み上げて足元を強固にしておくことになります。

デザインを「残す」

人間には「記録を残したい」という欲求も強く存在するようです。デジタルカメラや携帯電話でたくさんの写真を撮ることも、毎年送られてくる年賀状を捨てられずにずっととっておくのも、私たちの「記憶の痕跡」としてのモノを残したいという欲求の結果です。野島（２００４）は「思い出工学」と呼ばれる研究の視点から、このような記録を残すメディアと人間の関わりについて研究しました。デザインに関わる記録を残すこと。これはデザインを学問として研究する動機の発端としても重要な示唆を与えているように思います。

学問としてのデザインの中で、最も多く研究されているのはデザイン史と呼ばれる領域です。実は、美術に関する研究でも最も多い研究テーマは美術史です。何度も繰り返しになりますが、デザインに関する研究は芸術研究の一分野として取り扱われることも多いので、美術史の方法にならって、歴史的観点からの研究は多いのです。少なくとも、デザインに関しても、これまで生み出された人工物を集めてライブラリ化するという営みは続けられています。

アメリカにスミソニアン博物館という世界最大とも呼ばれる博物館があります。ここでは、アメリカをはじめとして、人類と自然のあらゆる歴史に関わる資料が収集されています。恐竜の骨も、岩石も、自動車も、果てはアメリカ大統領選挙で撒き散らされた紙吹雪まで、ありとあらゆるものが「歴史の遺産」として保管されています。化石や岩石はともかくとして、その他の所蔵品は、まさに人間が作り出した数々の人工物の一大収集です。デザインを考える立場からすると、それはまるでデザイン史の博物館といえなくはありません。同様に、ニューヨークにあるニューヨーク近代美術館（ＭｏＭＡ）は20世紀以降の芸術全般を収蔵する大きな美術館ですが、ここは建築・ポスター・映画やプロダクトといったさまざまな人工物を収蔵していることでも有名です。ここにはアップルが世に送り出した数々のコンピュータや、ａｕ（ＫＤＤＩ）が企画したau design projectと呼ばれる試みによって発売された4台の携帯電話なども収蔵されています。こちらは美術館ですから、よりはっきりとデザインを現代のアートとして意識しています。

人間を考える媒介としてのデザインと人工物

デザインされた人工物を蓄積する活動としてのデザイン史の役割はわかりました。今度は、デザインされた人工物と人間との関わりをどのように明らかにしていくか考えましょう。美術でいえば、美学といわれる研究領域です。美とは何か、われわれはどうやって美を認識しているのか。美術史やデザイン史といった研究が、人間が作り出したこれらの「作品」を、一個の対象として客観的に考えるのに対して、美学は人間との関わりを下敷きにして客観化する作業といってもいいかもしれません。特に「認識」という視点は、美学の根底に流れる哲学という学問が追い続けている課題でもあり、美学のキーワードになります。

面白いことに、多くのデザイナーによる自分の思いや認識、それこそ「自分の美学」としての考察は少なくないのですが、人間との関わりの学問としての考察は決して多くありません。ある意味で、デザイン学の中で発展の遅れているところといってもいいでしょう。デザインと人間との関わりを考える中で問題となるのは、人工物やデザインもさることながら、人間そのものです。人間の認識・思考などの問題は、デザインの「美学」においても重要なテーマです。

ここで扱う「認識」は、やはり結構広い概念なので、やり方によっていくつかのスタイルに分かれます。観念としての認識を問題にすると、哲学や美学といった研究を土台にすることが多いです。これに対して、より具体的・物理的な意味での認識、人間の内側での働きを機能的にとらえようとすると、認知科学や心理学を土台とするものになります。後者のスタイルは、実際に人間に対して調査を行い、たくさんのデータを得ることが比較的容易なこともあり、情報の生産力は非常に高くなります。

これらの視点をもとにした新たなデザイン学については、後述します。

デザインは「見えすぎる」けど「見えない」

人間の存在や物理の法則といったものは、そこにあるけれど「なかなか目に見えにくい」ものです。目に見えないものを探る。学問はそういうときに有効に機能します。

デザインについての「目に見えない世界」の探求はもちろんあるのでしょう。しかし私たちがデザインについて考えるとき、その多くはそこにあるモノ中心、すなわち目に見える世界だけで議論を重ねることが常です。

実際、デザインの現場では、さまざまな理念や理論を積み上げても「まずはモノありき」のところがあって、具体的なモノを提示しない限り議論が成立しないという状態をよく見かけます。「とにかく描いて・作って持ってこい」という台詞はしばしば聞かれるものです。

見えるところだけでデザインの話ができればそれに越したことはないのです。しかし、これまでの議論が示すところは必ずしもそうではなく、形には見えない、さまざまなプロセスや仕掛けがデザインの中に深く静かに横たわっているところも多い。それらも重要な役割を持っているということです。

この問題は、人工物のデザインにおける「具体」と「抽象」の問題ということができるかもしれません。目の前にある人工物そのものは具体的で、それが何ものであるかをなんらかの形でつかむことができます。これに対して、デザインにおけるコンセプトやナラティブといったものは抽象的で、それ自体が具体的に何を指すのか、モノそのものからは必ずしも伝わりません。これらの抽象的な情報というのは、私たちにとってとらえどころが少なく、はっきりとしないままによくわからなくなってしまう。見えないものになってしまいがちなのです。

ここから考えると今後、デザインを対象とした研究・学問がどうやって発展を目指していくのか？　それは、デザインに関わる「見えないところ、見えにくいところ」を見えるもの、手に取れるもののところに置く。言い換えれば潜在的なものを顕在的なものに変換していく活動に、より舵を切るといえるのかもしれません。

デザインの「見た目」と「中身」、内と外

私たちがデザインを考えるとき、避けることができないが気をつけるべきことは、つまるところ「見た目」に影響され、振り回されやすいことにあると思います。ここまで問題にしてきたことの多くは、美や形としてのデザインがあるのと同時に、機能や物語としてのデザインがある。デザインが「工夫」の結果という定義を持つ以上、この見た目と中身、内と外といった二重性をどう理解し、解決していくのかという大きな問題から離れることができないことにあるようです。

これは、視覚的な表象（representation）と、そこに内在する意味の関係構造（structure）という2つの世界の関係についての問いと呼ばれます。見た目には似ていて

も、意味していることはまったく違うもの。これとは逆に、まったく違うものに見えながら、共通する意味やテーマ、あるいは関係を持っているものもあります。

この構造は日常生活では気づきにくく、表面的な類似にわれわれは注意を向けやすいことは古くからよく知られています（Holyoak & Koh, 1987; Gentner, 1983; Catrambone & Holyoak, 1989など）。

またスノッドグラスとマッククラフ（Snodgrass & McCullough, 1986）も、人間が視覚的に見たものはそれがどのようなカテゴリーに属するかの判断は早いのに対し、意味を理解したり処理したりするのには時間がかかることを指摘しています。その意味で、デザインの「内側」について、私たちはその強烈かつ印象的な「見た目」に影響されて見えなくなったり、撹乱されたりしてしまうことが多いと思われるのです。

この「内と外」の問題が比較的解決されているデザイン思想があります。バウハウス[02]に代表される機能主義的デザインです。バウハウスのデザインとデザイン教育の思想は、合理的な発想に基づいており、人工物が持つ「機能」が、どちらかといえば直接的に形に反映されています。その意味で、バウハウスのデザインは「内的な性質」がそのまま外的に反映されており、大きなズレを引き起こさないのです。また、デザイン教育も、目的と

[02] 1919年、ドイツにつくられた美術建築学校。その後の美術・デザインに多大な影響を与えた。

技術を比較的一致させる一連の方法をとっていて、何のために何をするかわかりやすくなっています。バウハウスの基礎教育課程は現在のデザインの基礎教育や美術教育に色濃く反映されています。

すべてのデザイン理論が、このようにすっきりしていればいいのですが、現実はそうではありませんでした。反対に、バウハウスの思想をデザインの教科書に必ずといっていいほど見ることができるのは、このようにすっきりしているからともいえます。だからこそ、そうではない数多くのデザインのプロセスを解明するように、デザイン学は発展しなければ、現代のデザインをまとめることはできないのかと思います。

02

デザイン学の抱える困難

各大学の「デザイン理論」の中身

日本で、デザインを教える大学は「理論としてのデザイン」をどのように教えているのでしょうか。たいていの大学には「デザイン概論・デザイン論」といった授業が基礎理論として設けられていたり、「デザイン史」でデザインの歴史を解説することで基礎理論としたりするところがほとんどです。

日本における著名な芸術系大学を中心にこれらの授業でどのような理論が教えられているかを見ると、共通した内容が浮かび上がります。どの大学でもおよそデザインを学ぶ学生が知っている基礎知識は…。

ウィリアム・モリス、アール・ヌーヴォー、アール・デコ、バウハウスこの4つに象徴されているようです。このほか、美術工芸運動、イームズチェアのイームズ、ラスキン、ロシア・アヴァンギャルド、ユニバーサル・デザイン[03]。建築だとコルビジェあたりが当確といったところ。これらの端緒となるウィリアム・モリスの美術工芸運動で1880年代から1900年代、アール・ヌーヴォーも同時期。アール・デコとバウハウスの出現は1920年前後。つまりデザイン理論の基礎は1950年以前の「古典」から出来上がっているのです。これに当てはまらないものがユニバーサル・デザイン。これだけは、アメリカのメイス（Mace, R.）が1980年代半ばから提唱を始めた概念で、現在デザイン論の必修内容として急速に普及している概念になります。

このような時代と時間を追ったデザイン論とは違うものとして、「デザイン誌」的な講義もあって、こちらはアメリカのデザイン、イギリスのデザイン、日本のプロダクトデザインといったそれぞれのテーマ別に解説をされているものもあります。

また、デザイン理論の中で必修となるものに色彩論があり、色彩の物理的性質、表色系や色が与える心理的役割などを解説する授業があります。本書で頻出のノーマンやアフォーダンスのギブソンでも、授業の中でテーマとして扱われることはまだほとんどないのです。

[03] できるだけ多くの人が利用可能であるように製品、建物、空間をデザインするというデザイン理念。

デザイン研究者は何を研究しているか

では、現代的なデザインの理論的研究があるのか、あるいはデザインを学問として研究する人がいるのか、という質問があれば、それについては「ある」と答えることができます。デザインを学問として研究する研究者の団体「日本デザイン学会」というものがあるのです。

デザイン学会は日本のデザインに関係する研究者を主体とした学術組織で、工学系の大学を中心とした研究者が約7〜8割、芸術・デザイン系の関係者が2〜3割程度です。理論的な研究を掲載した論文と、理論や実践に基づいた作品を集めた作品集という独特の学会誌の構成をとっています。

ここで扱われる「論文」は幅広く、デザインに関する歴史的な検討、デザインに関する技術などの実験・調査、デザインされたものをどのように感じるかなどのデザイン評価、そしてデザインの教育方法などの開発、デザイン・プロセスの実際の調査検討など多岐にわたっています【表7－01】。理論的論文は、実験や調査、評価手法の開発のように統計や自然科学的な方法を使うことが多いので、その中心は工学系の研究者が多くなります。これ

表 7-01 「デザイン学研究」の論文タイトルの例

論文
• 眼球運動計測と Change Blindness 課題を用いたパッケージデザインの評価：缶コーヒー飲料のパッケージデザインを事例として
• 中小企業によるデザイン系大学との連携：新潟県長岡地域を事例として
• 平面図形の配色による立体感：明度と色相の変化の影響について
• モンタージュの定義と構造化：ヒトの心を揺り動かすユニバーサルな法則について
• インターネットショッピングサイトにおけるウェブアフォーダンス
• 展示施設等における来館者行動評価システムの開発と評価：九州国立博物館における赤外線センサーを用いた来館者の行動ログデータ取得システムの開発
作品集
• Touch：身体に同期したビデオゲーム
• 都市ガイドブック「スタイルノート釜山・福岡」の制作
• こどもおくすり手帳けんこうキッズ
• ヘンカデン：変化する・家電のデザイン開発と展覧会：次代のスタンダードデザインを目指して
• アルミ製フォールディングテーブルの試作
• 丹後あじわいの郷ウッドステージ、デッキオブジェのデザイン

に対して、実際の作品については作品集が中心で、デザイン・プロセスの解説を含みながら実際に制作されたものを紹介します。こちらは現場の開発者やデザイナー、芸術系大学のデザイン領域関係者が入ることが多くなります。

特徴としていえるのは、「美術・デザイン」としてのデザイン研究は歴史的な考察や作品のライブラリといった資料的研究が多く、技術・評価については工学系の研究が中心であることです。それぞれの研究の性格はかなり異なっています。むしろ、美術研究や工学研究といった、もともと別々の研究領域で、デザインに関係のあるものがそれぞれここに集まっているという感じで、学際的な色彩が強いのです。

これは海外でも似たような傾向がいえます。バヤジット（Bayazit, 2004）がアメリカにおける過去40年のデザイン研究を総括した論文では、デザイン研究は、デザインされた人工物がどのように設計されているか、どのようなシステムで働くかといった工学的研究、そしてその事例の報告、あるいは人工物がどのような形で表現され、どのような意味を伝えているかを意味するとしています。強いて言えば、日本でしばしば取り扱われるデザイン史的な研究は、むしろ美術史などの領域で取り扱われるということです。

なぜ「新しいデザイン理論」が普及しないのか

デザイン学会のような研究者集団が、毎年かなりのボリュームのデザイン研究を蓄積する中で、大学などで教えられるデザイン理論が「古典的」な知識のままとどまっている。これはずいぶん不思議な光景に見えるかもしれませんね。確かに大学の授業はすべてが最先端ということもなく、古典的な基礎から順にたどるというところはあります。特に哲学や歴史、数学といった古くからある学問はその傾向が強いものです。しかしデザインはそれ自体が新しい概念です。ウィリアム・モリスの登場からまだ150年弱、作り出されたモノ自体は圧倒的に第2次世界大戦以後なのです。なぜ、最先端の理論が紹介される機会が少ないのでしょう。

これは筆者にとってもなかなか答えの見えない問題です。ここではいくつかの可能性を論じておきたいと思います。最大の理由として考えられるのは、「これを体系的にまとめることが非常に難しい」、このことに尽きるのではないかと思います。学問は、一定の理論のもとに目の前にある世界を体系的にまとめることができる、あるいは一定の方法論のもとにまとめることができる、といった特徴があります。法学であれば、権力によって規定される「規範」といわれるものを、論理的規則や現実との適用範囲などから考えるという一定の理論や方法論を持ちます。筆者の研究する心理学でいえば、基本として「人間の行動など目に見える現象から、人間の内的な働きを推論する」という目的があるのです。

これに対してデザインは理論としての体系化が難しいように思います。確かに「デザインされた人工物」という明確な対象はあります。これに対して、体系的にまとめるための一定の理論や方法というものがまちまちで、先のように「それぞれの立場の研究の方法論を利用する」という形になるため、研究としては1つのまとまりになりにくい。要は、

「それぞれのデザインを対象とした『別の』学問」といってもよくなってしまうという問題を常に抱えます。

この点に関してはデザインを説明するという科学的な役割である「デザイン論」を構築することと、デザインの手法を提案することの「デザイン方法論」が混在しているという指摘もあります（田浦・永井、２０１０）。

また、デザイン研究のベースには、アートやテクニックといった、学問という枠にははまらない要素が分厚く存在します。これは個人の個性や身体といった、そもそも一般化・普遍化にはなじみにくい部分でもあります。これらは「暗黙知（ポランニー、１９６６）」のように、言語化や顕在化が困難になりやすい点もはらんでいます。デザインを研究対象とするときに、これら実際のデザインに携わる中で中心となる側面を無視できないことも、問題を一層複雑にしているように思われます。

理論が普及しないその他の可能性

(1)それぞれの巣に戻る研究者

先にも述べたように、デザイン学を構成するのは工学系や芸術系の研究者が主体で、彼らはそれぞれの「ホーム」を持っています。工学系の研究者はもともと理数系的なマインドを持っていて、それらの研究技法を駆使します。彼らの研究を読んで理解できるのは、どちらかというとホームの研究者グループです。そしてその研究成果は、製品開発や技術開発といったそもそも工学的、あるいはマーケティングの世界に貢献を果たすことが多いように思います。どうしても、デザイナーのようなデザインの世界へ呼びかけるチャンスが少なくなるようです。これは、他のホームを持つ研究者も同様です。

(2)デザイン研究になじみにくいデザイナー

これに対して、デザイナーは今でも芸術系大学の出身が少なくありません。彼らは先にも述べたとおり、自分の手でアイデアを数限りなく描き続ける行為を積み重ねてきた人たちです。彼らの多くは、美学・美術史研究を読み解くトレーニングも、工学や物理物性の文献を読むトレーニングにもほとんどふれることがありません。彼らの「育ち」のベースは、日々の実践の中から、自分が必要とする技能や見方といったものを身につけることにあります。実践の中で育まれる「知」は、領域固有であるがゆえにその他の「知」とはなかなかうまくフィットすることが難しいのです。

現在の大学や専門学校のシステムでは、デザイン研究によって基礎となる知識や教養を身につけるようになるまでには至らないのです。こうして、デザイン研究からデザイナーだけが抜け落ちていくという不思議な現象が生まれていきます。

(3)デザイナーが語る「理論」

デザインの主人公であるデザイナーが語る「デザイン」というものもあります。それも決して少ないものではなく、大きな書店のデザインの棚には、かなりの分量を見つけることができます。その中の多くは、彼らの「作品集」、つまりカタログです。本の中のかなりは、彼らがこれまで作り出したモノの写真が並び、彼らがそれを作ったときの意図、気持ちが語られています。

これとは違うものとして、デザイナーである彼らの「所感」が語られる本というものもあります。最近では、デザイナーが対談をしたり、ブログを書いたりという機会も増えました。彼らが語る「所感」はしばしばデザインの理論や思想という視点で紹介されることがあります。

学問の領域で、これら一つ一つの事例や所感に関する解説は「ケーススタディ（事例研究）」に一番性格が近いかもしれません。ケーススタディは、それぞれの事例の説明です。それぞれ豊かな情報を持っているので貴重ですが、ケーススタディについては簡単に「一般化」してはいけないというルールも学問の中にはあります。事例はそれぞれの個別性・特殊性があるので、理論として簡単に一般化してはいけないのです。

これとは別の問題として、ケーススタディは、個々の事例を扱いながらも、自己の主観や感情と一応切り離して考えるという客観性も求められます。これに対して、デザイナーが語る所感には主観的な要素が切り離されずに残ります。したがってその意味ではケーススタディとしての条件も満たさず「エッセイ」、時としては「モノローグ（独白）」としての性格が強く、理論としての位置づけが難しいものも多いのです。これらを何とかして、学問（科学的方法）のスタイルの領域まで形作っていくこと、これは今後の課題として重要になるでしょう。

03

21世紀のデザイン学へ

デザインから考える人間学——認知デザイン学の可能性

本書では、心理学と認知科学の視点から、デザインが持つ魅力やデザインのプロセスを解き明かすという試みを行ってきました。人工物の作り手がまず出発とする、アートの立場からや技術・工学的な立場とは異なる、人間の「わかること」の仕組み、認知過程としてのデザイン研究です。

もう一度、これまでの議論の始めに立ち戻ってみたいと思います。人の手によってデザインされたもの、言い換えれば人工物は、人間の心的プロセスの表現であり、これを受け取る私たちも、心的プロセスの結果としてこれを理解しています。さまざまな先人の指摘にもあるように、これを根底で支えるものが「意味」です。デザインはどのようなものであれ、意味の伝達なのです。

デザインの歴史、デザインの技法・技術、デザインに関わる社会。デザイン学について

図 7-01　新しいデザイン学のディスコース

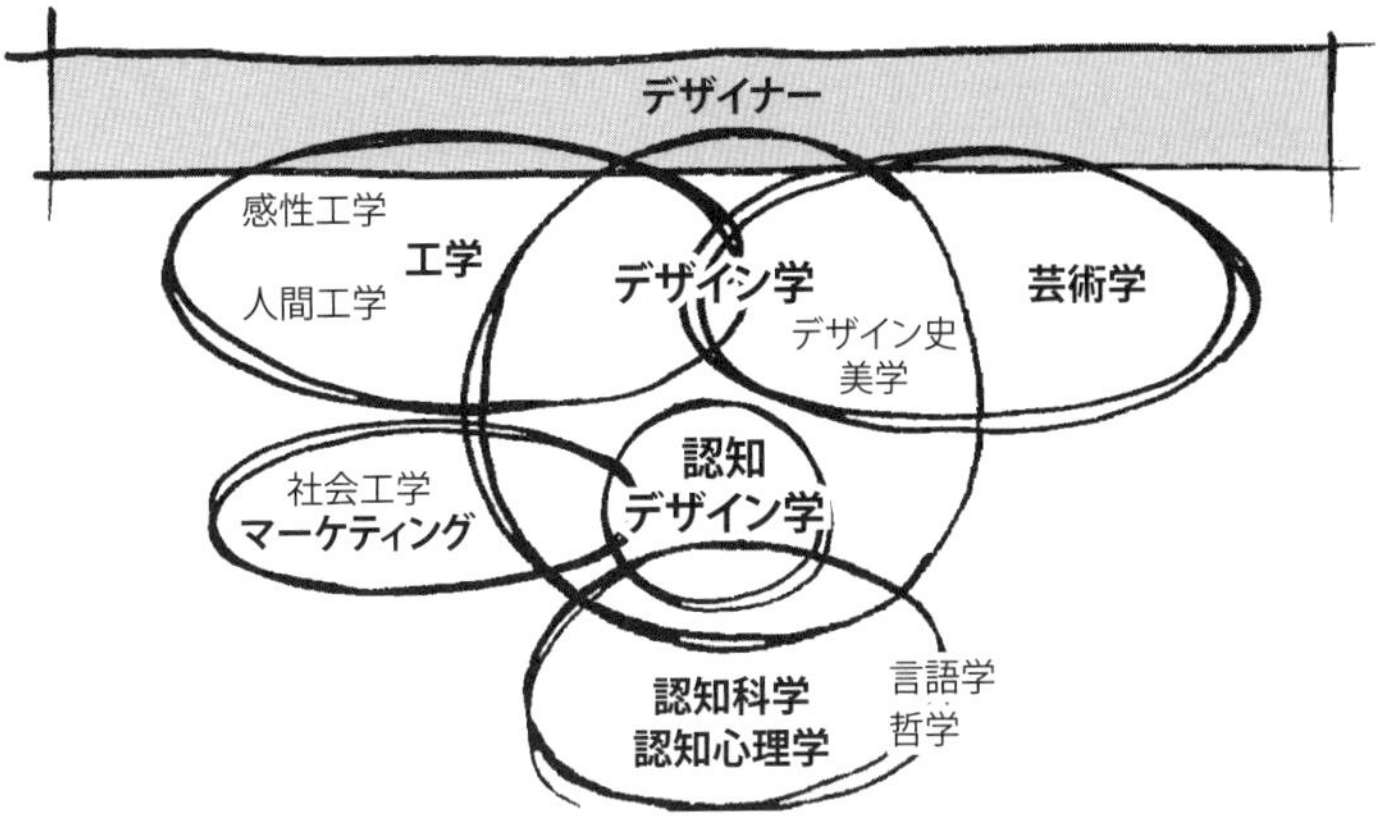

も多種多様な解明のアプローチがありました。もしデザイン研究に、さらなる何かを与えることを考えたとき、デザインという行為によって、われわれが受け取る「意味」を体系として考えを進めていくということがあるかもしれません。あるいは、意味を理解する人間の認知プロセスを中心とし、デザインと人間の関わりを明らかにしていく。この立場が、これからのデザイン研究の中心の一つになるのではないかと思われます。デザイン学の一領域として、「認知デザイン学」という部門が成立するのは、自然な流れであるように思われるのです。

【図７－01】は、現代のデザイン研究を取り巻く状況を示したものです。第5章でデザイン現場のディスコースについてふれましたが、デザイン研究にも同様のディスコースを考えることができます。芸術学・工学・認知科学などさまざまな領域の知識が交錯するデザイン学ですが、意味と意味の伝達という視点から位置づけを行い、実際、このような新たな出発点に立つ動きも見られるようになりました。これまでデザインを主に研究してきた日本デザイン学会以外に、人間の心の動きに焦点を当て、デザイン研究の可能性を探るグループが増えています。認知科学を研究する日本認知科学会には、2010年「デザイン・構成・創造」という部門ができ、人間研究としてのデザイン学を考え始めました。工学ベースの研究ではありますが、1998年には日本感性工学会が発足し、感性という、より人間中心の視点からデザインや人工物を考える動きも始まりました。まだまださまざまな学問の軒先を借りた状態は残っていますが、より人間を中心としてデザインを考える動きは確実に進んでいます。

「意味」から解きほぐす認知デザイン

もう少し、「意味」の視点からデザインを考えてみましょう。序章でもふれましたが、美学などの芸術に関わる学問が、認識や意味という観点からそこにあるモノを解き明かそうとすることからも、意味という概念がデザインにおいて重要であることはわかります。チクセントミハイやベルガンティらは、デザインされた人工物は、それが与える意味をどのように理解しているかでそれが何者であるか決定されるとしています。

改めて別の言葉で言い換えると、デザインはそれを作る側と受け取る側での意味の伝達、あるいはキャッチボールといえるでしょう。確かに多くの場合、デザイナーが投げかけた意味をユーザが受け取るという片側方向のキャッチボールに見えないことはありませんが、デザイナーやユーザ、その他たくさんの関係者がそれぞれに意味のある内容を相互に伝達しているというディスコースと考えれば、それは会話のようなコミュニケーションと同じだといえます。

クリッペンドルフ（２００６）は、意味論と呼ばれる視点からデザインを学問として再構築しようと試みている研究者です。彼は人工物が作り出しているさまざまな質を意味としてとらえ、これら意味の性質ややりとりについて深い考察をしています。また、これらはベルガンティと同様に会話とその文脈であるディスコースとしてとらえ、デザインによる表現は会話のような働きを持つとしています。つまり、デザインを言語と同じような構造の働きを持つものとして、言語学的な方法で解明しようとしているのです。

会話は、個人と個人の間で行われる意味の伝達です。言葉にはもちろん辞書で示せるような「標準的・規範的」な意味がありますが、日常の会話ではこれに当てはまらないケースもたくさん存在します。定食屋で「僕、ウナギ」と言えば、鰻を注文していることがわかりますが、文法的・意味論的には驚くような表現です[04]。ただし、文脈や人物が特定される（定食屋、客と店員）ディスコースでは、不完全な文でもきちんと意味は通じますし、伝達として成立します。クリッペンドルフは、デザインによる伝達は感覚と意味、そしてそれが生起する文脈によって決定され、理解はあくまで人間中心（Human-Centered）なものであると指摘しているのです。したがって、デザインは「こうすれば必ずこういう風に理解してもらえる」という、理論で説明可能なスタンダードな部分だけでなく、ごく個人的な固有の側面も同時に持ちます。それもまた、個別性という点から説明は可能です。しばしばデザインの関係者から、「デザインはアートの側面を持ち、学問や理論で説明できるものではない」といった印象論を聞くことがありますが、個別性によって説明可能という点では、決してそうではないことも示すことができるのです。

意味は、音韻と文法に並んで、言語の最も主要な要素です。また言語は、人間の認識では極めて重要な手段（媒介・ツール）です。色であれ形であれ、視覚や聴覚で知覚したも

[04]「ぼくはうなぎだ」の文法的な問題については，奥津敬一郎（1978）に詳しい。

のであっても、最終的な理解は言語を介すことがほとんどです。

また、言語を用いて認知プロセスを説明するのですから、認知科学・認知心理学は言語による説明や解釈を抜きにすることができません。デザインは、意味という観点から解くと、これまで意味を取り扱うさまざまな研究が用いてきた研究手法をそのまま応用して利用することができます。その意味でも、デザイン学は芸術研究ではなく、心理学や言語学を基盤とした認知科学の一つの領域として改めて再構成してもよいのではないかとさえ思えるのです。

意味論・言語論的にデザインを「読み解く」

さて、認知デザイン学の手法の中心となるであろう、前項で述べた意味論・言語論、そして認知心理学の視点から、前節で述べたような手法でどれだけの分析ができるか。その可能性について考えてみましょう。

先のクリッペンドルフは、言語論の視点・方法をデザインに適用することにより、次のような点が明確になるとしています。第一に人工物が何を表現しているか、何を象徴しているか。これらは言語によって一定の範囲に定められます。第二には作り手（デザイナー）の知覚や活動が、言語によって調整されること。たとえば、何に注意を向けるか、知覚の枠組みがどのようなものであるかは、言語によって明確にされるとしています。

その他の知見も応用してみましょう。先ほど、デザインによる意味の伝達は会話のようなものだと説明しました。この会話による伝達が成立する条件としてよく知られているものにグライスの公準（Grice, 1975）があります。グライスの公準は以下のとおりです。

(a)量の公準：必要な情報はすべて提供する。必要以上の情報を与えないようにする。

(b)質の公準：偽りであると考えられることは言わない。適切な根拠を持たないことは話さない。

(c)関係の公準：会話に無関係なことを話さない。

(d)様式の公準：わかりにくい表現を避ける。あいまいな表現を避ける。簡潔に表現する。順序だった表現をする。

デザインによる意味の伝達も、これと同様に扱うことができます。たとえば、ドアに取っ手をつけることは、必要な情報は提供するという量の公準にのっとっていますし、わかりにくい表現を避けるという様式の公準にも合致します。当然、質の公準からすれば取っ手が実は飾りであってもならないわけです。

図 7-02 コミュニケーション不全のドア

「正しい」ドアの開け方は、開閉のボタンを押すことで、それ以外にはない。
しかし、取っ手状の部分（黒いところ）がより目に入り、しかもユーザのドアのメンタルモデルに合致しているため、通常それでは開かないそこに手を掛けてしまう。

しかし興味深いことに、デザインではこの公準が破られることがあります。【図7-02】はこの典型的な例で、電車のトイレのドアです。このドアを開ける方法は横にあるボタンを操作することですが、ドア自体に小さな凹部があり、ここに手を掛ける人が絶えません。シグニフィア【第3章】の問題でもあるのですが、伝達の公準が破られていると考えることもできます。

この場合は、やはり破られないようにする方が望ましいのですが、わざわざ意図的に破る場合もあります。有名なアルファロメオの最新車ジュリエッタ（2012年日本発売）では、後席のドアにはハンドルがありません。窓枠のプラスチックの部分が開閉装置になっているのです。これは明らかにデザイン上の工夫で、見えないようにまったく違う方式が採用されています。様式の公準には明らかに違反していますが、クルマのフォルムのデザインを優先させた結果こうなっているようです。

実際には言語でもしばしばこの規則は破られます。これを利用して、ジョークや皮肉などに転化させることもできます。その意味ではやはりデザインによる伝達も言語コミュニケーションも同様なのです。

まだまだあるデザイン学の課題

最後に、デザイン学に横たわるいくつかの課題にふれておきましょう。

デザインは、現場の発想が重視される「実践の知」を中心として育ってきました。これに対してデザイン学は、実践の現場を重視しながらも、「科学」「研究」としての立場からデザインの世界を考えようとする「学問の知」です。学問では、言葉や概念の定義からまず始め、矛盾のない論理を構築する必要があります。

この定義や論理の構築は、どんな学問でも難しいことです。しかし、デザイン学をはじめとして、教育学・看護学など、理論や技術だけでなく「生の人間」が関わる研究分野では、より一層困難なように思われます。これらの分野に共通する特徴は「人間の利害に直接関わる」ことです。私たちは人間として、客観的に自分自身を見ることが難しいのでしょう。だからこそ、客観の世界で完結する「科学」と、必ずしも完結しない「実践」の折り合いをつけることが課題になります。デザイン学の今後にとって、これは忘れてはならないポイントのように思われます。

また、デザインという言葉で取り扱える世界が、予想以上に広いことも改めて理解しておくべきでしょう。本書では、デザインの対象を「人工物」という言葉で一つにしました。読者の皆さんには最後までわかりにくい概念だったかもしれません。この人工物という言葉の内側には、視覚的表現、製品（プロダクト）、建築や環境など、これまでもデザインの対象として考えられてきたものだけでなく、家庭環境や社会環境のようなもっともっと広い世界までつながっています。

人工物と難しく言っても、人が作ったものなのだから、考え方にそう違いはないだろう。これが本書の出発点ですが、扱っている人工物が多ければ多いほど、やはり具体的な一つ一つの「違い」についても注意深くあるべきなのだと思います。それらをしっかりと、やさしく包み込む「大きな視点」「確かな理論」を必ず念頭に置くことは、デザイン学の今後には大事なように思います。

「工夫の産物」であるデザイン。これを学問にするための「工夫」。デザインのデザイン、デザイン学のデザインは、まだプロセスのスタートラインから、それほど離れていないのだと思います。

最終章

デザインとデザイン学の向かう先へ

大量の情報を理解するために「まとめと復習」が大切だというのは、認知心理学の重要な知見の一つです。最後に、これまでの内容をざーっと確認しながら、本書が向かおうとしている地平へもう一度目をやってみようと思います。

01

魅力あるデザインへの指針

「人生を表現する」デザイン

本書は、人間とその人生を取り巻く「デザイン」について、特に人間の認知・認識という視点から論じてきました。議論を通して、デザインを感じ・理解することは、人間の認知プロセスを経てその「意味」をどう理解しているかということに帰着できること。したがって、人間の認知（心）の中で何が起こっているのかを解明することが、デザインを研究するための大きな課題であることから、認知デザイン学という新しい視点を開くというところまでたどり着きました。

序章にもう一度だけ戻りましょう。人間は自分の周りにある世界を、自分の手で「工夫」して改変していく動物です。その結果、有史以来おびただしい数の人工物を創り出してきました。人間の歴史は人工物を作る歴史であり、つまるところデザインという工夫に明け暮れた歴史です。その意味で、人は誰しもがデザイナーであり、デザインとは人間が自分たちの生活をより善きものにしようとする活動の成果ということができるでしょう。

「世界とは一体何ものなのか？」。この問いの答えを探し続けるものが学問・科学です。その中でも特に「人間とは一体何ものなのか？」を問うのが人文・社会科学です。お金をテーマにした経済学、規則から人を考える法学など、アプローチは違っても、人間についての問いを解明しようとしていることに変わりはありません。デザイン学は、われわれの存在を「より善きものにする」活動と、その結果として作り出される人工物の性質全体に関わる解明を担う学問となるでしょう。

そう遠くない未来、デザイン学は文学や法学、経済学などのように、人間の存在を知るために欠かせない、最も人間に密接な学問の一つとして重要な位置を占めるようになるのかもしれません。このことについて、私はそういう未来をあまり疑っていません。なぜなら、モノとそのデザインが、人間にとって密接なものであることは、誰も疑っていない事実なのですから。

心に残る魅力の中身

人工物の魅力を調査した筆者の研究（荷方、２０１０）では、持ち主が自分の持ち物に

表 8-01 自分の持ち物の魅力について言及された内容 各カテゴリの項目数（人数）（荷方、2010）

カテゴリ	身近な所有物	高価な所有物
審美性	44（42人）	39（32人）
機能	103（63人）	38（53人）
価格	12（12人）	8（7人）
購入エピソード	58（47人）	41（40人）
その他エピソード	89（53人）	92（43人）

対して感じている魅力について記述をお願いしました。

第4章では持ち主が語るナラティブの側面に注目してお話ししましたが、研究ではそのナラティブが何を対象にしているか分類し、その数も数えました【表8－01】。結果、持ち主が言及しているのは、持ち物の見た目の美しさ（審美性）、使いやすさ（機能）、そして購入時や購入してからのエピソード（経験価値）でした。面白いことに、高いにせよ安いにせよ、価格に言及する人はそれほど多くはなかったのです。手に入れてしまえば、いくらだったかは大した価値にならないのですね。

審美性・機能・エピソード。これは先に

も説明したノーマンのデザインの3つの次元、本能的デザイン、行動的デザイン、そして内省的デザインに一致するような結果です。見た目の美しさや心地良さでポジティブな感情を生み、使いやすさや求める機能が備えられていることで生活や行動を向上させる。そして人工物とふれあう中で、人工物に対する好意や経験価値を高めていくことが、心に残る魅力となるのです。

本書で説明してきたさまざまな認知的要素は、審美性・機能・エピソードといった人工物に対する理解に影響します。示差性を高めること、人間の記憶システムに適した情報の提示をすること。繰り返しふれあうことによって生まれる単純接触効果。シグニフィア（アフォーダンス）によって引き出される行為。スキーマやメンタルモデル。これらはすべて、人間の認知を支えています。

デザイン・ディスコースで共有できる知識を

デザインの現場では、デザイナーをはじめ多くの人たちがそれぞれの「知」を持ち寄り、対話を通して人工物を作り上げる「デザイン・ディスコース」を構成していました。関係者はそれぞれ固有の文化や姿勢、メンタリティを持っており、お互いの違いによって触発されて新たな価値を生み出したり、デザインの可能性の絞り込みを果たす制約として機能したりすることがわかりました。ただし、人工物を生み出す文化の中で、対話がうまく機能しなかったり、制約が可能性を狭めるものとして機能してしまったりする危険性もあることを指摘することができます。

対話をスムーズに進める方法は、デザイン・プロセスの中でお互いがそれぞれの持つ「知」をよく理解しながら進めることです。この知の共有は非常に効果的ですが、ディスコースのメンバーはそれぞれが自分の専門分野のプロですから、プロの持つ知をすべて共有するのはやはり困難だといえるでしょう。

それぞれの専門をディテールまで理解することができないなら、せめてモノを創り出す者としての目標、目的、理想くらいは共有したい。また、その理想にたどり着くための「モノづくりとしてのガイドライン」は共有しておきたい。私は、そのガイドラインがデザイン原理と呼ばれるものなのではないかと思います。

そして、豊かなデザイン原理を作り出すのが、デザイン学の役割です。特に、本書で考えたような、デザインに伴ってその存在が明らかになる人間の特徴・特性は、その内容が私たち人間のことに関わるだけに、誰にでも比較的理解しやすく、お互いに共有しやすい

「知」になるのではないかと思います。

デザイン学、特に今回改めて提案した認知デザインデザイン学は、デザイン・ディスコースのメンバーが互いに共有できる、モノづくりとデザインの基本的なノウハウとなり、これらを足がかりとしてより良いモノづくりにつながるのではないかと期待しています。

02

デザインはどこへ向かうのか

最後はやはり、人間中心のデザインへ

最後に、デザインとデザイン学がどこに向かうべきかを述べておしまいにしたいと思います。第3章で紹介したように、デザイン学に認知科学を導入したノーマンは、最初の著書『誰のためのデザイン?』で、人間中心デザインの重要性を説きました。人が心を動かすために、美しいものを作る。人が便利に使えるように、ユーザビリティを高める。そして人生の中で、豊かな善き物語を紡ぐために、同伴者としての人工物がある。人間中心(Human-Centered)というのは、人間の認識と幸福のために工夫、すなわちデザインがあるということです。

デザインの長い歴史の中で、ともすれば人間の使用以上に芸術的な美しさが強調されたり、人間の能力を超える機能が備えられ、かえって人間を遠ざけたりという、テクノロジーやアートが中心になったデザインも存在しました。人間のための工夫であるデザインが、

人間を不幸にしないように。個人の幸福という価値観とは別の価値観がデザインを押しつぶさないように。21世紀のデザイン学は、改めて人間中心というテーマを向かうべき北極星として見失わないようにしたいと思うのです。

デザインは、単なる美観や利便の問題ではありません。人工物と人間の認識との間で起こる広大な世界の仕組み自体なのです。

発展解説 3

認知的デザイン原理いろいろ

デザインに認知的な知見を導入した功労者の代表といえば、ユーザビリティの理論を確立したノーマンが有名ですが、もう一人、ヤコブ・ニールセン（Nielsen, J.）が挙げられます。彼らは 1998 年からニールセン・ノーマングループというデザインコンサルティング会社も経営しています。彼らの提唱したデザイン原理は、デザインに携わる者としてぜひ心に留め置きたいものです。

ニールセン（2002）は、人間の認知が持つ特性に沿うために、システムが備えるべき要件として、次の 10 項目を挙げています。

⑴ シンプルで自然な対話を提供する。
⑵ ユーザの言葉を使う。
⑶ ユーザの記憶負荷を最小限にとどめる。
⑷ 一貫性を保つ。
⑸ フィードバックを提供する。
⑹ 出口を明らかにする。
⑺ ショートカットを提供する。
⑻ 適切なエラーメッセージを使う。
⑼ エラーを防ぐ。
⑽ ヘルプとドキュメントを提供する。

またニールセンの提案する要件を実現する方法の一つとしてノーマン（1988）は、ユーザビリティを向上させるデザイン原理として以下の 7 点を提唱しています。

⑴ 外界にある知識と頭の中にある知識の両者を利用する。
⑵ 作業の構造を単純化する。
⑶ 対象を目に見えるようにし、実行の隔たりと評価の隔たりに橋を架ける。
⑷ 対応付けを正しくする。
⑸ 自然の制約や人工的な制約などの制約の力を活用する。
⑹ エラーに備えたデザインをする。
⑺ 以上のすべてがうまくいかないときには標準化する。

高橋作太郎(編集代表)(2012). リーダーズ英和辞典 第3版 研究社

Taura, T., Nagai, Y., & Tanaka, S. (2005). *Design space blending*. Proceeding of ICED 05, 14th International Conference on Engineering Design, Melbourne(on CD-ROM).

田浦俊春・永井由佳里 (2010). デザイン学の課題と研究方法—未来・理想・構成の視点から 認知科学, **17**(**3**), 389-402.

戸梶亜紀彦 (1999). 感動に関する基礎的研究(3) 日本発達心理学会第10回大会発表論文集, 170.

戸梶亜紀彦 (2010). 感動と心理的変容 海保博之・松原望(監修) 竹村和久・北村英哉・住吉チカ(編集) 感情と思考の科学事典 朝倉書店 290-291.

Tulving, E. (1983). *Elements of episodic memory*. Oxford: Clarendon Press.

Veling, H., Holland, R. W., & van Knippenberg, A. (2007). Devaluation of distracting stimuli. *Cognition and Emotion*, **21**, 442-448.

Verganti, R. (2009). *Design-driven innovation*. Boston: Harvard Business School Publishing Corporation.(ベルガンティ, R. 佐藤典司(監訳) 岩谷昌樹・八重樫文(監訳・訳) 立命館大学経営学部DML(訳) (2012). デザイン・ドリブン・イノベーション 同友館)

養老孟司(1989). 唯脳論 青土社

●図表出典、写真提供・協力

【図0-01】フォルクスワーゲン グループ ジャパン 株式会社

【図1-02】のうか不動産(株式会社 苗加不動産)

【図2-05】大坊郁夫 (1996). 対人関係のコミュニケーション 大坊郁夫・奥田秀宇(編) 親密な対人関係の科学 誠信書房 209.

【図3-05】ノーマン, D. A. 野島久雄(訳)(1990). 誰のためのデザイン?—認知科学者のデザイン原論 新曜社 124-125.

【図5-01】広川美津雄 (2005). デザインコンセプト 井上勝雄(編) デザインと感性 海文堂出版 22.

【図5-02】ベルガンティ, R. 佐藤典司(監訳) 岩谷昌樹・八重樫文(監訳・訳) 立命館大学経営学部DML(訳)(2012). デザイン・ドリブン・イノベーション 同友館 99.

【図5-05】ベルガンティ, R. 佐藤典司(監訳) 岩谷昌樹・八重樫文(監訳・訳) 立命館大学経営学部DML(訳)(2012). デザイン・ドリブン・イノベーション 同友館 178.

【図5-06】 POWER EGG 2.0 ディサークル株式会社

【図5-09】土佐信道 (2005). オタクギョタク 株式会社よしもとクリエイティブ・エージェンシー

野島久雄 (2004). 思い出工学 野島久雄・原田悦子 (編著) ＜家の中＞を認知科学する—変わる家族・モノ・学び・技術 新曜社

Norman, D. A. (1988). *The psychology of everyday things*. New York: Basic Books. (ノーマン , D. A. 野島久雄 (訳) (1990). 誰のためのデザイン？—認知科学者のデザイン原論 新曜社)

Norman, D. A. (2004). *Emotional design: Why we love (or hate) everyday things*. New York: Basic Books. (ノーマン , D. A. 岡本明・安村通晃・伊賀聡一郎・上野晶子 (訳) (2004). エモーショナル・デザイン—微笑を誘うモノたちのために 新曜社)

Norman, D. A. (2011). *Living with complexity*. Cambridge, MA: The MIT Press. (ノーマン , D. A. 伊賀聡一郎・岡本明・安村通晃 (訳) (2011). 複雑さと共に暮らす—デザインの挑戦 新曜社)

岡田猛・横地早和子・難波久美子・石橋健太郎・植田一博 (2007). 現代美術の創作における「ずらし」のプロセスと創作ビジョン 認知科学 , **14**(**3**), 303-321.

奥津敬一郎 (1978). 「ボクハウナギダ」の文法—ダとノ くろしお出版

大竹誠 (2009). 初めてデザインを学ぶ人のために—ある大学授業の試み 論創社

Pine, B. J., & Gilmore, J. H. (1999). *The experience economy*. Boston: Harvard Business School Publishing Corporation. (パイン , B. J.・ギルモア , J. H. 岡本慶一・小高尚子 (訳) (2005). ［新訳］経験経済—脱コモディティ化のマーケティング戦略 ダイヤモンド社)

Polanyi, M. (1966). *The tacit dimension*. Garden City, NY: Doubleday & Company. (ポランニー , M. 佐藤敬三 (訳) (1980). 暗黙知の次元—言語から非言語へ 紀伊國屋書店)

Rethans, A. J., Swasy, J. L., & Marks, L. J. (1986). Effects of television commercial repetition, receiver knowledge, and commercial length: A test of the two-factor model. *Journal of Marketing Research*, **23**, 50–61.

Sarbin, T. R. (Ed.) (1986). *Narrative psychology: The storied nature of human conduct*. New York: Praeger.

Schlosberg, H. (1954). The dimension of emotion. *Psychological Review*, **61**, 81-88.

Schmitt, B. H. (1999). *Experiential marketing: How to get customers to sense, feel, think, act, relate to your company and brands*. New York: The Free Press. (シュミット , B. H. 嶋村和恵・広瀬盛一 (訳) (2000). 経験価値マーケティング ダイヤモンド社)

Schmitt, B. H. (2003). *Customer experience management*. Hoboken: John Wiley & Sons. (シュミット , B. H. 嶋村和恵 (訳) (2004). 経験価値マネジメント ダイヤモンド社)

新村出 (編) (2008). 広辞苑 第六版 岩波書店

庄司健・田口澄恵・寺嶋有史 (2005). 香りの単純接触効果 日本味と匂学会誌 , **12**, 279-282.

Snodgrass, J. G., & McCullough, B. (1986). The role of visual similarity in picture categorization. *Journal of Experimental Psychology: Learning, Memory, and Cognition*, **12**, 147-154.

鈴木光太郎 (2008). オオカミ少女はいなかった—心理学の神話をめぐる冒険 新曜社

多鹿秀継 (編) (1994). 問題解決と知能 認知と思考—思考心理学の最前線 第 6 章 サイエンス社

Holyoak, K. J., & Koh, K. (1987). Surface and structural similarity in analogical transfer. *Memory and Cognition*, **15**, 332-340.

井上淳子 (2009). ブランド・コミットメントと消費者の購買行動との関係　流通研究　**12**(**2**), 3-21.

Jacoby, L. L., & Kelly, C. M. (1987). Unconscious influences of memory for a prior event. *Personality and Social Psychology Bulletin*, **13**, 314-336.

Johnson-Laird, P. N. (1983). *Mental models: Towards a cognitive science of language, inference, and consciousness.* Cambridge, MA: Harvard University Press.

Kahle, L. R., Beatty, S. E., & Homer, P. M. (1986). Alternative measurement approaches to consumer values: The list of values (LOV) and values and lifestyle segmentation (VALS), *Journal of Consumer Research*, **13**(**December**), 405-409.

経済産業省 (2007). 感性価値創造イニシアティブ—第四の価値軸の提案　感性☆21 報告書　経済産業調査会

古賀令子 (2009). 「かわいい」の帝国　青土社

小嶋外弘 (1972). 新・消費者心理の研究　日本生産性本部

Krippendorff, K. (2006). *The semantic turn: A new foundation for design*. Boca Raton: CRC Press (クリッペンドルフ, K.　小林昭世・川間哲夫・國澤好衛・小口裕史・蓮池公威・西澤弘行・氏家良樹 (訳) (2009). 意味論的転回—デザインの新しい基礎理論　エスアイビー・アクセス)

Krugman, H. E. (1965). The impact of television advertising: Learning without involvement. *Public Opinion Quarterly*, **29**(**Fall**), 349-356.

Malone, T. W. (1981). Toward a theory of intrinsically motivating instruction. *Cognitive Science*, **4**, 333-369.

Margolin, V., & Buchanan, R. (Eds.) (1996). *The Idea of design*. Cambridge, MA: The MIT Press.

Maslow, A. H. (1954). *Motivation and personality*. New York: Harper & Brothers. (マズロー, A. H.　小口忠彦(訳) (1971). 人間性の心理学　産業能率短期大学出版部)

Miller, G. A. (1956). The magical number seven, plus or minus two: Some limits on our capacity for processing information. *Psychological Review*, **63**, 81-97.

宮台真司・石原英樹・大塚明子 (1993). 「サブカルチャー」神話解体—少女・音楽・マンガ・性の 30 年とコミュニケーションの現在　PARCO 出版

永井由佳里・田浦俊春・向井太志 (2009). 創造的概念生成プロセスにおける概念合成と差異性の役割—言語解釈タスクとデザインタスクの比較　認知科学, **16** (**2**), 209-230.

Nielsen J. (1993). *Usability engineering*. Boston: Academic Press. (ニールセン, J.　篠原稔和 (監訳)　三好かおる (訳) (2002). ユーザビリティエンジニアリング原論—ユーザーのためのインタフェースデザイン　東京電機大学出版局)

荷方邦夫 (2010). 経験価値を与える要素の質的検討　日本心理学会第 74 回大会発表論文集, 1271

荷方邦夫 (2011). 経験価値デザインとは何か—心理学に基づいた研究の可能性　金沢美術工芸大学紀要, **55**, 103-110.

荷方邦夫・内藤裕子・池上貴美子 (2004). 音楽の繰り返し聴取における楽曲の複雑性と感情の変化—フュージョンとイージーリスニングの比較　日本音楽知覚認知学会平成 16 年春季発表プログラム, 30-35.

●引用文献

安齊順子・荷方邦夫（編著）（2012）．「使える」教育心理学　増補改訂版　北樹出版

有元典文・岡部大介（2008）．デザインド・リアリティ—半径300メートルの文化心理学　北樹出版

綾部早穂・河野理恵・太田信夫（2002）．甘みの単純接触効果　日本味と匂学会第36回大会誌，581-582.

Bayazit, N. (2004). Investigating design: A review of forty years of design research. *Design Issues*, **20**(**1**), 16-29.

Beatty, S. E., Kahle, L. R., & Homer, P. M. (1991). Personal values and gift-giving behaviors: A study across cultures, *Journal of Business Research*, **22**(**2**), 149-157.

Berlyne, D. E. (1971). *Aesthetics and psychology*. New York: Appleton-Century-Crofts.

Bower, G. H., Black, J. B., & Turner, T. (1979). Scripts in memory for text. *Cognitive Psychology*, **11**, 177-220.

Bruner, J. S. (1990). *Acts of meaning*. Cambridge, MA: Harvard University Press.

Carey, S. (1986). Cognitive science and science education. *American Psychologist*, **41** (**10**), 1123-1130.

Catrambone, R., & Holyoak, K. J. (1989). Overcoming contextual limitations on problem-solving transfer. *Journal of Experimental Psychology: Learning, Memory, and Cognition*, **15**, 1147-1156.

Csikszentmihalyi, M., & Rochberg-Halton, E. (1981). *The meaning of things: Domestic symbols and the self*. Cambridge, UK: Cambridge University Press.（チクセントミハイ・ロックバーグ＝ハルトン　市川孝一・川浦康至（訳）（2009）．モノの意味—大切な物の心理学　誠信書房）

Cowan, N. (2001). The magical number 4 in short-term memory: A reconsideration of mental storage capacity. *Behavioral and Brain Sciences*, **24**, 87-185.

大坊郁夫（1996）．対人関係のコミュニケーション　大坊郁夫・奥田秀宇（編）親密な対人関係の科学　誠信書房　pp.206-230.

Ekman, P. (1992). An argument for basic emotions. *Cognition & Emotion*, **6**, 169-200.

闫雪（2010）．現代社会における「かわいい」概念の生成と変容　兵庫教育大学大学院学校教育学研究科修士論文

Fantz, R. L. (1956). A method for studying early visual development. *Perceptual and Motor Skills*, **6**, 13-15.

Gentner, D. (1983). Structure mapping: A theoretical frame work for analogy. *Cognitive Science*, **7**, 155-170.

Gergen, K. J. (1999). *An invitation to social construction*. London: Sage.（ガーゲン，K. J. 東村知子（訳）（2004）．あなたへの社会構成主義　ナカニシヤ出版）

Grice, H. P. (1975). Logic and conversation. Cole, P., & Morgan, J. (Eds.), *Syntax and semantics*. Vol.3. New York: Academic Press.

氷室冴子（1981）．恋する女たち　集英社

広川美津雄（2005）．デザインコンセプト　井上勝雄（編）デザインと感性　海文堂出版　pp.19-48.

終わりに

1992年、大学に入学した私の目の前に現れたのは、当時まだ家庭に普及する直前のコンピュータでした。やがて念願のコンピュータを手に入れ、成功や失敗、楽しみや苦労などを体験しました。失敗や苦労のたびに、ある先生が言った言葉を思い出しました。「コンピュータは間違ったりしません、間違えたのは人間です」。わからないのは、ユーザであるあなたの責任。この言葉に少なからずショックを受けました。

この困惑を助けたのが、「悪いのは機械とそのデザイン」と言い切った『誰のためのデザイン?』のノーマン、そして日本における「わかりやすさ研究」の大家、わがお師匠の海保博之でした。先生のもとで自分の研究をする傍ら、人工物のわかりやすさやユーザビリティといった問題にしばしば関わり、デザイン研究の基礎体力をつけました。

そして、美術・デザインの世界で優れた人材を世に送り出す金沢美大に勤めることになりました。学生にデザインに関わる心理学の知見を紹介し、自身もまたデザイン・プロセスの一端に参加する中で、「心理学から考えるデザイン」のアイデアを少しずつながら積み重ねてできたのが本書です。有名な知見から最新の知見、そして私自身の研究まで、大学生にもわかる内容で伝えることを頭に置いて書きました。

さらに、少々勇み足気味とは思いましたが、新たなデザイン研究の可能性としての「認知デザイン学」まで話を広げてみました。私を含め、研究の蓄積すら十分ではない中、このような領域を提案することは大それたことかもしれません。ただ、デザイン研究や人工物研究のこれからを予測し、流れを作るためにも、あえてトライしてみました。

デザインの解明は、その多くがまだ未解決という状態にある「若い学問領域」です。数学で言えば、リーマン予想やポアンカレ予想のような未解決問題（予想）がたくさんあるような状態です。ポアンカレ予想は2002年、ペレルマンによって解かれました。1994年にはフェルマーの最終定理が解かれました。どのような難問も、後に続く者によってきっと解明されていくのでしょう。

私は、デザインはそれを認識する「人間」の問題を解くことで、多くが解明されていくと考えます。認知デザイン研究は、今後その役割を十分に果たしていくだろうとだけ「予想」します。解明は、私を含め、今後に託すことにしましょう。

本書の刊行に当たり、その機会を与え、最後まで力を尽くしていただいた実務教育出版の津川純子さんに、心からの感謝を申し上げます。また、研究の場を提供してくれた金沢美術工芸大学、特にエネルギーの源泉となった学生、そして、デザイン研究のきっかけを示してくださった海保博之先生にも感謝いたします。最後に、最近私の伴侶になってくれ、本書が私にとっての「大切なナラティブ」になることを決定づけた妻道子に、これからの未来を含め感謝を。

2013年2月　荷方邦夫

著者紹介

荷方邦夫（にかた・くにお）

金沢美術工芸大学美術工芸学部准教授。

1972年生まれ。筑波大学大学院心理学研究科単位取得退学、博士（心理学）。

専門は、認知心理学・教育心理学。大学では、心理学をベースに教育学・デザイン論・メディア論などを幅広く教える。

著書に『心理学の「現在」がわかるブックガイド』（実務教育出版、共著）、『「使える」教育心理学』（北樹出版、共編著）など。

写真●大垣はるか

心を動かすデザインの秘密

認知心理学から見る新しいデザイン学

2013年4月25日　初版第1刷発行
2018年10月31日　初版第3刷発行

著　者　荷方邦夫
発行者　小山隆之
発行所　株式会社 実務教育出版
163-8671　東京都新宿区新宿1-1-12
電話　03-3355-1812（編集）　03-3355-1951（販売）
振替　00160-0-78270

印刷／精興社　　製本／東京美術紙工

ISBN978-4-7889-1483-4　C0011